AF305884

CATALOGUE

D'UNE GRANDE

COLLECTION DE LIVRES

ANCIENS ET MODERNES

SUR LES ARTS EN GÉNÉRAL

La Peinture, l'Architecture, le Théâtre et la Musique, l'Équitation

Quantité de Pièces de théâtre
Grands Livres à figures et Ouvrages d'archéologie

Littérature, Histoire, Collections de Journaux, Biographie d'artistes et d'amateurs célèbres, etc., etc.

Composant les Bibliothèques de deux Amateurs

MM. W. D*** ET LE Cte DE ***

DONT LA VENTE AURA LIEU AUX ENCHÈRES PUBLIQUES

Rue des Bons-Enfants, 28, Maison Silvestre,

Salle n° 3, au rez-de-chaussée,

LE LUNDI 12 DÉCEMBRE 1864 ET JOURS SUIVANTS

A sept heures précises du soir

(*Les vacations étant chargées*)

Me AVRIL, Commissaire-priseur, rue Taranne, 6.

AUG. AUBRY, libraire, rue Dauphine, 16.

1864

ORDRE DE LA VENTE

LUNDI 12 DÉCEMBRE. — THÉOLOGIE, JURISPRUDENCE, Philosophie, Morale, Politique, Économie politique et sociale, Histoire naturelle, Agriculture, Physique, Chimie, Médecine, etc. **BEAUX-ARTS**, Introduction, Généralités, Dictionnaires, Ouvrages divers sur les arts, Dessins, Grands ouvrages d'architecture.

MARDI 13. — Sculpture, Peinture, Peinture sur verre et émail, Gravure, Typographie, **LIVRES A FIGURES**, Musées, Salons, Vies des peintres, sculpteurs, architectes et amateurs célèbres.

MERCREDI 14. — Arts divers, **ÉQUITATION**, Musique, Danse, BELLES-LETTRES, Linguistique, Auteurs grecs et latins, Poëtes français.

JEUDI 15. — **THÉATRE**, Histoire, Dissertations, Critique, Quantité de pièces de théâtre.

VENDREDI 16. — Romans, Contes et Nouvelles, Bons mots, Proverbes, Épistolaires, Polygraphes, **HISTOIRE**, Géographie, Voyages, Histoire de France, Histoire des Villes et Provinces, Histoire étrangère.

SAMEDI 17. — **ARCHÉOLOGIE**, Antiquités, Chevalerie, Noblesse, Blason, Diplomatique, Biographie, Bibliographie, Journaux, Mélanges, *le Charivari*, etc.

Paris. — Imprimerie de Pillet fils aîné, 5, rue des Grands-Augustins.

CATALOGUE

COLLECTION DE LIVRES

ORDRE DE LA VENTE

1re Vacation.	Lundi 12 décembre.	N° 1 à 210
2e —	Mardi 13 —	211 à 416
3e —	Mercredi 14 —	417 à 614
4e —	Jeudi 15 —	615 à 830
5e —	Vendredi 16 —	831 à 1019
6e —	Samedi 17 —	1020 à 1183

Nota. Au commencement de la vacation du samedi, 6, il sera vendu un certain nombre d'ouvrages non catalogués : *Histoire, Littérature, Beaux-Arts et Musique.*

CONDITIONS DE LA VENTE

Les livres devront être collationnés sur place dans les vingt-quatre heures de l'adjudication. Passé ce délai, ou une fois sortis de la salle de vente, il ne seront repris pour aucune cause.

Il sera perçu cinq pour cent en sus des adjudications.

Les ouvrages ne seront admis à rapport que dans le cas où ils seraient incomplets par enlèvement de feuillets, ou portion de feuillet emportant du texte ; ils ne seront pas repris pour taches, mouillures, piqûres, déchirures ou autres défectuosités.

ON POURRA VOIR ET COLLATIONNER LES LIVRES LE MATIN DE CHAQUE VACATION, depuis une heure jusqu'à trois heures.

Nota. M. Aubry, libraire, se chargera des commissions des personnes qui ne pourront y assister.

Paris. — Imp. de Pillet fils aîné, rue des Grands-Augustins, 5.

CATALOGUE

D'UNE GRANDE

COLLECTION DE LIVRES

ANCIENS ET MODERNES

SUR LES ARTS EN GÉNÉRAL ET L'ARCHÉOLOGIE
LA LITTÉRATURE ET L'HISTOIRE

COMPOSANT LES BIBLIOTHÈQUES DE DEUX AMATEURS

MM. W. D*** ET LE Cᵗᵉ DE ***

DONT LA VENTE AURA LIEU AUX ENCHÈRES PUBLIQUES

Rue des Bons-Enfants, 28, Maison Silvestre,

LE LUNDI 12 DÉCEMBRE 1864 ET JOURS SUIVANTS

À sept heures précises du soir

(*Les vacations étant chargées*)

On y remarque : Quelques ouvrages de Théologie et de Jurisprudence. — *Quantité de bons livres sur les arts et les sciences :* Histoire naturelle, Agriculture, Médecine. — **Beaux-Arts :** Peinture, Architecture, Sculpture, Gravure, Dessin, Critique, Biographie des artistes et amateurs célèbres, Musées, Salons, Collections particulières, Peinture sur verre. — **Grands livres à figures.** — *Équitation.* — **Musique.** — Belles-Lettres. — **Art théâtral** et quantité de pièces de Théâtre, Collections de Journaux, *le Charivari*, etc., etc.

Mᵉ AVRIL, Commissaire-priseur, rue Taranne, 6.

AUG. AUBRY, libraire, rue Dauphine, 16.

1864

CATALOGUE

DE

LIVRES ANCIENS

ET

MODERNES

THÉOLOGIE

Écriture sainte. — Histoire religieuse.

1. ANCIEN TESTAMENT. Histoire de l'Ancien et du Nouveau Testament, par de Royaumont. *Paris*, 1812, in-8 cart., n. rog. *Figures à mi-pages.*

    Edition stéréotype ornée de 267 gravures.

2. ACTES DE LA CONFÉRENCE sur tous les articles débattus en la religion, spécialement sur le saint sacrement de l'Eucharistie, par l'Escriture Saincte et les falsifications en Bibles de Genève... Tenüe à Caen, neuf jours durans... sous l'   cité et en présence de Mgr le duc de Longueville. *Ca   29,* in-12, parch.

3. BEAUSOBRE (M. de). Histoire critique de Manichée et du manichéisme. *Amst.*, 1734, in-4, veau mar. (*Tom. Ier*).

4. CÉRÉMONIES ET COUTUMES RELIGIEUSES de tous les peuples du monde, représentées en 243 figures dessinées par B. Picart, avec les explications des abbés Banier et Le Mascrier. *Paris, Prud'homme,* 1809, 12 tom. en 13 vol. in-fol.

    Exemplaire broché en carton, non rogné.

5. CŒNALIS. Réponse catholique contre les hérétiques de ce temps, par Révérend père en Dieu R. Cœnalis, évesque d'Avrenches, théologien, et natif de Paris, et depuis traduits de latin en françois. *Paris, G. Julien,* 1562, in-8, dem.-rel. mar. br., tr. dor. (*Hardy.*)

    Bel exemplaire de ce livre rare.

1

6. Collection (a) of anthems used in His Majesty's chapel royal and most cathedral churches in England and Ireland; published under the direction of Anselm Bayly. *London,* 1769, in-8, v. m. dent., fil., tr. dor. (*Exempl. réglé*).

7. Du Moulin. Première décade de sermons. *Genève,* 1653, in-8 vél.

8. Espence (Cl.). Cl. Espencæi theologi parisiensis sacrarum heroïdum liber. *Parisiis, N. Chesneau,* 1564, in-8 vél.

9. Fayet (Mgr), Evêque d'Orléans. Examen des institutions liturgiques de Dom Guéranger, abbé de Solesmes. *Paris,* 1846, in-8, rel. pl. veau fauve fil.

10. Franc-Maçonnerie, 7 vol. in-12, demi-rel. (Le dernier, broché.)

> Origine de la Maçonnerie adonhiramite, 1787. — La véritable maçonnerie d'adoption, suivie de cantiques. 1787. Recueil précieux de la maçonnerie adonhiramite. — L'Etoile flamboyante ou la société du franc-maçon considérée sous tous ses aspects. — Recueil de discours prononcés.... dans la... loge française La Royale York de l'Amitié, le 24 juin 1767-1781.

11. Gregorius, papa. Dialogus beati Gregorii pape : ejusque diaconi Petri in quattuor libros divisus : de vita et miraculis patr. italicor.... et de eternitate animarum. (A la fin) : *Finit dialogus beati Gregorii impressus opera Udalrici Gering et Berchtoldi Renbolt socior. Parisiis,* m.cccc.xciiii, in-8, veau fauve, fers à fr. (*Rel. anglaise.*)

> Imprimé en caractères gothiques par Gering et Renbolt, premiers imprimeurs de Paris.
>
> Bel exemplaire, sauf quelques piqûres qui ont été, du reste, soigneusement restaurées.

12. Le Febvre (Le P. Hyacinthe). Traité de la Pénitence. *Paris, Thierry,* 1691, in-4, v. m.

13. Lenfant (J.). Histoire de la guerre des Hussites et du Concile de Basles. *Utrecht,* 1731, 2 vol. in-4, veau br. *Nombr. fig.*

14. Lingard. Les antiquités de l'Eglise anglo-saxonne. Trad. de l'anglais. *Paris,* 1828; fort vol. in-8, br. *Carte.*

15. Massillon. Sermons, *Paris,* 1787. — Petit-Carême. 1776, 6 vol. in-12, bas.

16. Noel (Fr.). Dictionnaire de la Fable, ou Mythologie grecque, latine, égyptienne, celtique, etc., etc. *Paris,* 1803, 2 vol. in-8, veau mar. fil. *Front. gravé.*

17. Orderici vitalis angligenæ, Historiæ ecclesiasticæ libri tredecim, publ. par A. Le Prévost. *Paris, Renouard,* 1845; 5 vol. in-8, br. (*Société de l'Histoire de France.*)

18. **Palafox** (J. de). Janseniani erroris calumnia a venerabili episcopo Joanne de Palafox sublata. *Mantuæ, Carpentanorum*, 1773, in-4, anc. rel. mar. rouge, fil., tr. dor. (*Bel exemplaire.*)

19. **Pascal** (Bl.). Les Provinciales, ou lettres écrites par L. de Montalte à un Provincial de ses amis et aux **PP.** Jésuites. *Cologne*, 1698, in-12, v. gr. *Portrait*.

20. **Pascal** (B.). Les Provinciales, ou Lettres de Louis de Montalte. *Paris, Renouard (Dijon, de l'imprimerie de Frontin)*, 1803 ; 2 vol. in-12, v. rac.

    Belle édition, ornée d'un joli *portrait de Pascal, gravé par Saint-Aubin.*

21. **Renversement** de la Moralité chrétienne par les désordres du Monachisme. *On les vend en Hollande. S. d.*, in-4; demirel., d. et c., mar. rouge, tête dor. *Caricatures curieuses.*

    Avec la traduction en hollandais.

22. **Selva** (de). Histoire de l'admirable don Inigo de Guipuscoa, chevalier de la Vierge. Nouv. édit., augmentée de l'Anti-Coton et de l'histoire critique de ce fameux ouvrage. *La Haye*, 1738, 2 t. en 1 vol. in-12, v. gr. *Front. gravé.*

23. **Théophilanthropes** (Recueil d'ouvrages concernant les). *Paris*, 1797-1798, en 1 vol. in-12 v.

    Manuel des Théophilanthropes. — Instruction élémentaire sur la morale religieuse, par Chemin. — Recueil de cantiqnes, hymnes et odes pour les fêtes... des Théophilanthropes. — Année religieuse des Théophilanthropes.

JURISPRUDENCE

24. **Brochures diverses**, in-8 (7 p.).

    Plan de la législation criminelle, par Marat, 1790. *Portrait.* — Bulletin décadaire de la République française (14 numéros), an vii. — Procès du prince de Lambesc, 1790. — Procédure criminelle... sur la dénonciation des faits arrivés à Versailles, le 6 octobre 1789. — Assemblée nationale des oiseaux, opusc. en vers. *Orléans*, 1791, etc.

25. **Constitution** de la République française, précédée des rapports et décrets qui y sont relatifs. *Paris. I. N.*, 1848, in-4, cart.

26. **Famille** Verdure (Procès de la). Mémoire justificatif pour Jacques Verdure père, Marie-Marguerite, Marie-Madeleine, Jacques-Sénateur et Pierre Verdure, ses enfants, tous accusés de parricide.... *contre le procureur-général, accusateur. Rouen*, 1787; in-8, d.-rel. v. v.

27. Lolme (de). Constitution de l'Angleterre, ou état du gouvernement anglais, comparé avec la forme républicaine et avec les autres monarchies de l'Europe. *Genève*, 1789; 2 vol. in-8, demi-rel.

28. Méjan (M.). Recueil des Causes célèbres. *Paris*, 1807-1814; 21 vol. in-8, d.-rel. chagr. n. fil. éb.

   Cet exemplaire comprend les 2 vol. du procès de Louis XVI, qui manquent souvent.

29. Procès Babœuf, 6 vol. in-8, d.-rel.

   Haute cour de justice. Copie des pièces saisies dans le local que Babœuf occupait lors de son arrestation. *Paris, I. N., an V*, 2 vol. — Débats du procès instruit par la haute cour de justice contre Drouet, Babœuf et autres, recueillis par des sténographes; 4 vol.

30. Thomas (Fr.). Petites Causes célèbres. *Paris*, 1855-1858, 36 p. en 9 vol. in-32, d.-rel. bas.

   Collection complète, difficile à rencontrer.

SCIENCES ET ARTS

Philosophie. — Morale.

31. Aristote. La morale et la politique d'Aristote, trad. du grec par Thurot. *Paris, Didot*, 1823, 2 vol. in-8, demi-rel. n. rog. *Portrait*.

32. Budaeus (G.) Parisiensis. De contemptu rerum fortuitarum, libri III. *Venundatur in officina Ascesiana*, 1520, in-4, v. fauve.

33. Caractères des Médecins, ou l'idée de ce qu'ils sont communément et celle de ce qu'ils devraient être d'après *Pénélope* de feu de La Mettrie, par J. Ph. de Limbourg. *Paris* (*Liége*), 1760, in-12, v. mar.

34. Cousin. Manuel de l'histoire de la philosophie, trad. de Teunemann, par Cousin. *Paris*, 1829; 2 vol. in 8, d.-rel., veau.

35. Gibon (A.). Cours de philosophie. *Paris*, 1842; 2 vol. in-8, br.

36. Huet, évêque d'Avranches. Censura philosophiæ cartesianæ. *Parisiis, J. Anisson*, 1694, in-12, v. gr.

37. La Bruyère. Les caractères de La Bruyère, suivis des

caractères de Théophraste. *Paris, Lefèvre,* 1822 ; 2 vol. in-8, demi-rel., veau ant. *Portrait.*

Belle édition, imprimée par Crapelet.

38. Platon. La République, ou dialogue sur la Justice. *Paris,* 1762, 2 vol. — Loix de Platon, *Amst.,* 1769, 2 vol. — Dialogues. *Amst.,* 1770, 2 vol. Ensemble 6 vol. in-12, veau mar.

39. Platonis dialogi V (græcè et latinè); recensuit, notisque illustravit N. Forster. *Oxonii,* 1745, in-8, v. fauve, fil. (*Rel. anglaise, aux armes.*)

Politique. — Économie politique et sociale.

40. Aristote. Les politiques, es quelles est montrée la science de gouverner le genre humain... Trad. du grec par Loys le Roy. *Paris, M. de Vascosan,* 1568, gr. in-8, m. r., fil. tr. d. (*Notes marginales manuscrites.*)

41. Assignats (55 br. et pièces in-4 et in-8, sur les). Mémoires, observations, etc., etc.

42. Bailly. Exposé de l'administration générale et locale des finances du Royaume-Uni de la Grande-Bretagne et d'Irlande. *Paris, Didot,* 1837, 2 vol. in-8, dem.-rel. v. ant.

43. De Fer. Partie des forces de l'Europe, mises au jour par N. De Fer, géographe de Mgr le Dauphin, 1691, in-4, obl., d.-rel.

Recueil de 24 plans descriptifs des places fortes.

44. Delamare. Traité de police. *Amst.,* 1729, 4 vol. in-fol., rel. en cuir de Russie. (*Avec les huit plans de Paris, depuis son origine.*)

45. Droits de l'homme. 29 pièces (1789 et 1790) in-8.

Constitution, déclaration des droits de l'homme et du citoyen ; opinions, mémoires, projets, etc. ; par Rabaut de Saint-Étienne, Bengy de Puivallé, de Sinety, abbé Siéyès, etc. — Parmi ces pièces, il y en a cinq qui concernent les dixmes et leur suppression.

46. Mirecourt (Eug. de). La Bourse, ses abus et ses mystères. *Paris,* 1858, in-8, br.

47. Say (J.-B.) Cours complet d'économie politique, pratique, ouvrage destiné à mettre sous les yeux des hommes d'État, des propriétaires, des manufacturiers, des négociants, etc., *Paris,* 1828, 6 vol. in-8, v. fau. n. rog.

48. Smith (A.). Recherches sur la nature et les causes de la richesse de nations, trad. de l'anglais, par Blavet. *Paris,* 1800, 4 vol. in-8, d.-rel., non rog. (*Notes marg. au crayon.*)

49. Vauban (le maréchal de). Projet d'une dixme royale. *S. L.* 1708, in-12, v. *Tableaux.*

SCIENCES NATURELLES

Histoire naturelle. — Agriculture.

50. Buffon. OEuvres complétes mises en ordre et précédées d'une notice hist., par A. Richard, suivies de deux volumes sur le progrès des sciences physiques et naturelles, par le baron Cuvier. *Paris, Baudouin,* 1827, 33 vol. in-8, br. (y *compris le suppl.*) 212 *planches noires* (manquent les planches 34 et 52, mammifères.)

51. Chaumeton (F. P.). Flore médicale, peinte par Turpin et madame E. Panckoucke. *Paris,* 18.4, 8 vol. in-8, cart. à la Bradel, non rog. *Figures coloriées.*

52. Clusius (C.). Rariorum aliquot stirpium per Hispanias observatarum historia, lib. II, expressa (cum appendice). *Antverpiæ, ex off. Ch. Plantini,* 1576, in-8, d.-rel. *Figures gravées en bois.*

53. Concours agricole universel de 1856. Catalogue des animaux, machines, instruments et produits. *Paris imp. impér.,* 1856, gr. in-8, rel. pleine en maroq. vert, fil., compart., tr. dor.

54. Estienne (Ch.) et J. Liébault. L'agriculture et maison rustique. Plus un bref recueil des chasses du cerf, du sanglier, du lièvre, du renard, etc., etc. *A Rouen, J. Berthelin,* 1637, in-4, d.-rel. *Figures en bois.*

> A la suite, se trouve : *la chasse du loup, par J. Clamorgan. Rouen,* 1637.

55. Felizet (Ch.). Rudiment encyclopédique agricole, ou précis analytique d'éducation et d'hygiène des divers animaux domestiques. Éléments d'agriculture pratique, comptabilité, etc. *Paris,* 1861, in-8, br., *planches.*

56. Guérin. Dictionnaire pittoresque d'histoire naturelle et des phénomènes de la nature, rédigé par une société de naturalistes, sous la direction de F. E. Guérin. *Paris,* 1833-39, 11 vol. gr. in-8, dem. rel., v. viol. *Cont. 720 planches reprs. un grand nombre de sujets.*

57. Jardinage. Traité des jardins, ou le Nouveau La Quintinye. *Paris,* 1775, 2 vol. in-8, v. *Planches.*

58. MAISON RUSTIQUE (la nouvelle), ou économie générale de tous les biens de campagne. *Paris, 1775, 2 vol. in-4, v. m. Figures.*

59. MANUEL du jardinier, ou Journal de son travail distribué par mois; par D***. *Paris, 1772, in-12, v.*

60. MASSARIUS (Fr.). In nonum Plinii de naturali historia librum castigationes et annotationes. *Parisiis, ex officina M. Vascosani, MDXLII, in-4, v. fau., fil.*

Vol. entièrement imprimé en italiques. — N'est pas commun.

61. MÉRAT. Nouvelle Flore des environs de Paris. *Paris, 1821,* 2 vol. in-12, br.

62. MERIAN (M. S.). Erucarum ortus alimentum et paradoxa metamorphosis. *Amst., s. d., in-4, v. gr. Titre et nombreuses planches gravées.*

63. SCORTIA (J.-B.). De natura et incremento Nili, libri II. *Lugduni, H. Cardon, 1617, in-8, v. mar.*

64. TREMBLEY (A.). Mémoires p. s., à l'histoire d'un genre de polypes d'eau douce. *Leide, 1744, in-4, v. gr. Grandes planches.*

65. VALMONT DE BOMARE. Dictionnaire raisonné universel d'histoire naturelle, cont. l'hist. des animaux, des végétaux et des minéraux, etc. *Paris, 1775, 6 vol. in-4, v. éc.*

Physique. — Chimie. — Médecine. — Chirurgie, etc.

66. AIMÉ-MARTIN. Lettres à Sophie sur la physique, la chimie et l'histoire naturelle. *Paris, Gosselin, 1825, 4 tom. en 2 vol. in-16, maroq. vert. Figures.*

67. BARTISCH (G.), von Koenigsbrück. ΟΦΘΑΛΜΟΔΟΥΛΕΙΑ, das ist, Augendienst neuer und wohlgegründeter Bericht von Ursachen und Erkentnüs aller Gebrechen, Schæden und Mængel der Augen und des Gesichtes, wie man solchen... mit gebürlichen Mitteln begegnen. *Dreszden, 1583, in-f°, rel. en bois, recouverte en p. de truie.*

Curieux ouvrage sur l'ophthalmie, donnant le moyen de guérir le strabisme, etc.; il est enrichi de nombreuses figures démonstratives, gravées en bois.

68. BAYLE et GIBERT. Dictionnaire de médecine usuelle et domestique. *Paris,, 1835, 2 vol. gr. in-8, d.-rel.*

69. BEGUIN (J.). Les elemens de chymie de Maistre Jean Beguin. Reveus, expliquez, et augm. par J. Lucas. *Rouen, Martin de la Motte, 1637, in-8, v. fau. Figures en bois.*

70. **Cloquet** (J.). Anatomie de l'homme, ou description et figures lithogr. de toutes les parties du corps humain. Publ. par de Lasteyrie. *Paris, 1825, 2 vol. gr. in-fol. br. dont un d'Atlas de 142 planches.*

71. **Du Coudray** (Mme le Boursier). Abrégé de l'art des accouchements. *Paris, Debure, 1777, in-8, Fig. col. (Aux armes.)*

72. **Guillemeau** (Jacq.). Les œuvres de chirurgie. *Paris, Buon, 1611, in-fol. bas. Planches gravées à l'eau forte et figures en bois dans le texte.*

73. **Helmont** (Var.). OEuvres traitant des principes de médecine et physique pour la guérison assurée des maladies; de la trad. de J. Le Conte. *Lyon, 1670, in-4, parch. Nomb. notes marginales et table manuscrite.*

74. **James.** Dictionnaire universel de médecine; trad. de l'anglais par Diderot, Eidons et Toussaint. *Paris, 1746, 4 forts vol. in-fol., v. mar. Nombre de grandes et belles planches.*

75. **Lavater** (J. G.). Essai sur la physiognomonie, destiné à faire connaître l'homme et à le faire aimer. (Trad. en français par M. de la Fite, MM. Caillard et H. Renfner). *Imprimé à La Haye, 1781-1803, 4 vol. gr. in-4, v. ant., fil. Figures.*

    Belle édition en grand papier, recommandable par la beauté des épreuves des gravures qui l'ornent.

76. **Liber mirabilis.** Le livre admirable renfermant des prophéties, des révélations... *Paris, 1831, in-12, br.*

77. **Libes** (A.). Nouveau dictionnaire de physique rédigé d'ap. les découvertes les plus modernes. *Paris, 1806, 4 vol. in-8, d.-rel., veau ant. 1 vol. d'Atlas, in-8.*

78. **Paré** (Ambroise), conseiller et premier chirurgien du roy. OEuvres, *Lyon, J. Grégoire, 1664, in-f., v. gr. Nombreuses figures en bois dans le texte.*

79. **Pietro Paolo Magni.** Discorsi sopra il modo di sanguinare attacar le sanguisughe, et le ventose far le fregagisni, et vessicatorii a corpi humani. *In Roma, 1613, in-4, v. mar. Titre gravé.*

    Ouvrage curieux, illustré de *figures démonstratives*, gravées à 'eau forte.

80. **Porta** (J.-B.). Le physionomiste, ou l'observateur de l'homme. *Paris, 1808, in-8, veau, mar. Figures.*

81. **Science** (la) du maître d'hôtel cuisinier. *Paris, 1749, in-8, v. m.*

82. **Scoutetten.** La méthode ovalaire, ou nouv. méth. pour

amputer les articulations. *Paris*, 1827; in-4, dem. rel. maroq. 11 *planches*.

BEAUX-ARTS

Introduction. — Généralités. — Dictionnaires.

83. Batteux (le). Les Beaux-Arts réduits à un même principe. *Paris*, 1746, in-12, v. br. *Front. gr.*

83 *bis*. Beaux-Arts. Annales de la Société libre des Beaux-Arts, mises en ordre par Miel. *Paris*, 1830-47, 15 vol. in-8, br. *Portraits et figures.*

Manque le tome deuxième, (1832).

84. Boutard. Dictionnaire des arts du dessin, la peinture, la sculpture, la gravure et l'architecture. *Paris*, 1826; in-8, rel. pleine, veau v. fil.

85. Comolli (A.). Bibliographia storico-critica dell' architettura civile ed arti subalterne. *Roma*, 1788-92; 4 vol. in-4, vél. (*Les deux derniers brochés.*)

Ouvrage estimé et peu commun.

86. Conservatoire des sciences et des arts, ou Recueil de pièces intéressantes sur les antiquités, la mythologie, la peinture, la musique, etc., trad. de différentes langues. *Paris*, s. d.; 6 vol. in-8, dem. rel. *Figures curieuses sur le geste théâtral et l'archéologie.*

87. Dictionnaire de l'Académie des Beaux-Arts. *Paris, Didot*, 1858; in-4, br. *Planches* (*t.* I).

88. Felibien. Conférences de l'acad. roy. de peinture et de sculpture, pendant l'année 1667, *Paris*, 1669, in-4, rel.

89. Fleury (A.). Études sur le génie des peintres italiens. *Lyon, L. Boitel*, 1845, in-12, d.-rel. veau.

90. Fontenai (l'abbé de). Dictionnaire des artistes. *Paris*, 1776, 2 vol. in-12, v. gran.

91. Guyot de Fère. Archives curieuses ou singularités, curiosités et anecdotes nouvelles de la littérature, de l'histoire, des sciences, des arts, etc. *Paris*, 1830-31, 3 part. en 2 vol. in-8, dem.-rel.

92. Guyot de Fère. Journal des beaux-arts et de la littéra-

ture. *Paris*, 1835-37, 4 vol. in-8, dem-rel. figures grav. et lithogr.

93. GUYOT DE FÈRE. Journal des artistes et des amateurs, publ. sous la direction de M. Guyot de Fère, 1827-33. 10 vol. en livr., avec gravures.

Quelques lacunes dans les premières années.

94. GUYOT DE FÈRE. Statistique des beaux-arts en France, annuaire des artistes francais, établissements publics, Dictionnaire des peintres, sculpteurs, etc. 1834-36, 6 vol. in-8, dem.-rel.

95. HÉBERT. Dictionnaire pittoresque et historique, ou description d'architecture, peinture, sculpture, etc. *Paris*, 1766, 2 vol. in-12, cart. à la Bradel.

96. HOGARTH (G.). Analyse de la beauté destinée à fixer les idées vagues qu'on a du goùt, trad. de l'anglais, par Jansen. *Paris*, 1805, 2 vol. in-8, v. mar. *Planches.*

Suivi d'une notice sur tous les ouvrages de ce peintre.

97. HUARD. Storia della pittura italiana, trad. di Ticozzi. *Milano*, 1835, in-8, br.

98. JEANRON. (P. A.). Origine et progrès de l'art. Études et recherches. *Paris, Techener*, 1849, in-8, br.

99. JOUBERT. Manuel de l'amateur d'estampes, faisant suite au manuel du libraire. *Paris*, 1821, 3 forts vol. in-8, rel. *avec tables et monogrammes gravés.*

Ouvrage estimé et peu commun.

100. LACOMBE. Dictionnaire portatif des beaux-arts. *Paris*, 1766, fort vol. in-12 v. mar.

101. LACOMBE. Le spectacle des Beaux-Arts, ou Considérations touchant leur nature, leurs objets, leurs effets et leurs règles principales. *Paris*, 1758, in-12, veau mar.

102. LANDON. Annales du musée et de l'école moderne des beaux-arts. *Paris, chez Landon*, 1800, 13 vol. in-8, veau, *nombr. figures grav.*

103. LE COMTE (Florent). Cabinet des singularitez d'architecture, peinture, sculpture et gravure, ou introduction à la connaissance des plus beaux arts, figurés sous les tableaux les statues et les estampes. *Paris*, 1699-1700, 3 vol. in-12, v. gr. *Front. gravés.*

Ouvrage estimé.

104. LENOIR (Alex). Musée des monuments français, ou description hist. des statues, bas-reliefs, etc., pour servir à l'his-

toire de l'art. *Paris*, 1800, 6 vol. in-8, rel. pleine en cuir de Russie, *nombr. planches gravées.*

Le sixième vol. suppl. cont. la description des vitraux anciens et modernes.

105. LENOIR (Alex.). Musée impérial des monuments français. — Histoire des arts en France et description chronol. des statues en marbre et en bronze, qui sont réunies dans ce musée. *Paris*, 1810, in-8, rel.

106. LENOIR (Alex.). Notice hist. des monuments des arts réunis au dépôt national, r. des Petits-Augustins, suivi d'un traité de la peinture sur verre. *Paris*, an IV, in-8, br.

107. MENSAERT. Le peintre amateur et curieux, ou descript. générale des tableaux des plus habiles maîtres, qui font l'ornementation des églises, couvents, abbayes, prieurés et cabinets particuliers dans l'étendue des Pays Bas autrichiens. *Bruxelles*, 1763, 2 part. en 1 vol. in-12, v. mar. *Frontispice gravé. (Rare.)*

108. MERCEY (F. B. de). Études sur les Beaux-Arts, depuis leur origine jusqu'à nos jours. *Paris*, 1855, 3 vol. in-8, br. (*Envoi d'auteur.*)

109. OSSUDE. Le siècle des beaux-arts et de la gloire ou la mémoire de Louis XIV justifiée. *Paris*, 1838, in-8, br.

110. PAROY (le marquis de). Précis histor. de l'origine de l'ac. roy. de peinture, sculpture et gravure. *Paris*, 1816, in-8, broché.

111. PERNETY (A. J.). Dictionnaire portatif de peinture, sculpture et gravure, avec un traité pratique des diff. manières de peindre. *Paris*, 1767, in-8, bas. *Planches.*

112. PETITY (l'abbé de). Manuel des artistes et des amateurs. *Paris*, 1770, 4 vol. in-12, dem.-rel.

113. PILES (R. de). Conversations sur la connaissance de la peinture, et sur le jugement qu'on doit faire des tableaux. *Paris*, 1677, in-12, v. gr. *Titre gravé.*

114. PREZEL (de). Dictionnaire iconologique, ou introd. à la connaissance des peintures, sculptures, médailles, estampes, etc. *Paris*, 1756, in-12, veau rac. fil. *Front. gravé.* (*Bel ex.*)

115. SAULCY (F. de). Histoire de l'art judaïque, tirée des textes sacrés et profanes. *Paris*, 1858, in-8, br.

116. SOBRY (J. F.). Poétique des arts, ou cours de peinture et de littérature comparées. *Paris*, 1810, in-8, rel.

117. WATELET ET LEVESQUE. Dictionnaire des arts de peinture, sculpture et gravure. *Paris*, 1792, 5 vol. in-8, dem.-rel.

118. WINCKELMANN. Histoire de l'art chez les anciens, trad. de l'all. par Huber. *Paris*, 1789, 3 vol. in-8, rel. *Planches.*

119. VINCKELMANN. Histoire de l'art chez les anciens, trad. de l'all. *Paris, Jansen*, an II, 2 vol. in-4, dem.-rel. veau, *figures. (Le tome troisième manque.)*

OUVRAGES DIVERS SUR LES ARTS

Essais. Réflexions, Lettres, Rapports, Mélanges, Critique, etc, sur les arts en général.

120. ABOUT (Ed.). Nos artistes au Salon de 1857. *Paris*, 1858, 1 vol. — Les artistes français, études d'après nature, par Th. Silvestre. *Paris*, 1862, ens. 2 vol. in-12, br.

121. BEAUX-ARTS. Environ 40 brochures in-8.

Rapport sur la lithographie. — Appendice aux recherches sur l'art statuaire d'Éméric David, par Giraud. — Mélanges d'antiquités par de Clarac. — Journal des arts. — Lettres de Paciaudi au comte de Caylus. — Notice sur Laurent de Médicis. — Mémoire sur l'ancien état des Beaux-Arts, en Suède. — Peinture mécanique, par Boninger. — Le tableau des Sabines, par David. — Annuaires des artistes, 1861-62. — L'hémicycle des Beaux-Arts de Paul Delaroche. — Droit des peintres, par H. Vernet. — Lettre à P. Lacroix sur l'Exposition belge. — Manuel de peinture à l'huile.

122. BEAUX-ARTS, 5 brochures in-8.

Quelques idées sur la disposition du Muséum national, par Lebrun. — Essai sur les moyens d'encourager la peinture. — Discours sur l'état actuel des sciences et des arts dans la République française. — Observations sur la connaissance et le commerce des tableaux. — Rapport sur l'exemption du droit de patente en faveur des peintres, sculpteurs, etc.

123. BEAUX-ARTS. Peinture, etc., 12 brochures in-8.

Essai sur la dignité des arts, par Chaussard, an VI. — Peinture mécanique des citoyens Boninges et Ce. — Observations de Picault, artiste restaurateur de tableaux, à ses concitoyens sur les tableaux de la République, 1793. — Réflexions sur l'art de la peinture, par L..., 1815. — Col. des discours des bacheliers. — Discours sur la cire punique, par Lorgna, 1785, etc., etc. 1770.

124. BEAUX-ARTS. 12 brochures. in-8.

Discours de Van-Hultem, prononcé à Paris dans une réunion d'artistes belges, 1806. — Invitations familières faites aux élèves de ce temps dans les B.-Arts, par Dupain-Triel, cons. s. l'état des B.-Arts, par Guillaumot, an X. — Du mérite du peintre de Portrait, 1763 (*en allemand*). — Discours sur les arts libéraux, par Marillier, 1791. — Lettres de Quatremère de Quincy sur le déplac. des monuments de l'art de l'Italie, 1796. — Essai sur l'établ. des écoles gratuites de dessin, par Rozoi, 1769, etc., etc.

125. BENVENUTO CELLINI (Mémoires de), Orfévre et sculpteur florentin, écrits par lui-même, où se trouvent beaucoup d'anecdotes curieuses, touchant l'histoire et les arts; traduits de l'italien, par de Saint-Marcel. *Paris*, 1822, in-8, dem-rel. maroq. r. tête dor. n. rog.

126. BEYLE. (STENDAL). Promenades dans Rome. *Paris*, 1829, 2 vol. in-8, dcm.-rel. maroq., *figures*.

127. CLÉMENT DE RIS. Critiques d'art et de littérature. *Paris*, 1862, in-12, br.

128. DALLAWAY. Les Beaux-arts en Angleterre, publ. et augm. de notes par Millin. *Paris*, 1807, 2 vol. in-8, dcm.-rel. maroq. r.

129. DAVID (Eméric). 2 brochures in-8.
> Appendice à l'ouvrage int. : Recherches sur l'art statuaire des Grecs, an VI. — Réponse au libelle intitulé : Lettres de M. Giraud à Eméric David.

130. DELESTRE (J.-B.). Études sur les passions appliquées aux Beaux-Arts. *Paris*, 1833, in-8, br.

131. DESEINE, sculpteur. Considérations sur les Académies de peinture, etc., 1791 (*envoi d'auteur*). — Opinion sur les Musées où sont retenus tous les objets d'arts, qui sont la propriété des temples consacrés à la religion catholique, par Deseine, an XI. — Lettre d'un artiste à Bonaparte, premier consul, sur le projet d'une Académie de peinture, par Chéry. Ensemble, 3 brochures in-8.

132. DISSERTATION sur les ouvrages des plus fameux peintres, dédiée à Mgr le duc de Richelieu. *A Paris*, sans date, petit in-12, rel., v. éc.

133. DIX VOLUMES ET BROCHURES sur les beaux arts.
> De quatre tableaux attrib. à Léonard de Vinci, par l'abbé Guillon de Montléon, 1836, *figures*. — Peintres modernes de la France, par Ary Scheffer. — Catalogue de la collection de P. Leven à Cologne, 8 *planches*, 1853. — Catalogue des tableanx de la coll. de Verhulst, *Bruxelles*, 1779. — Salon des réfusés en 1863, par F. Desnoyers, etc.

134. DOUZE BROCHURES sur les arts.
> Considérations sur les arts du dessin en France, par Quatremère de Quincy. — Examen du tableau de Girodet (Pygmalion et Galathée), le tableau des Sabines, par David, la peinture (poême), 1755, sur le mannequin, biologie des peintres, etc.

135. Du Bos (l'abbé). Réflexions critiques sur la poésie et sur la peinture. *Paris*, 1770, 3 vol. in-12, v. mar.

136. Du Bos (l'abbé). Réflexions critiques sur la peinture. *Paris*, 1755, 3 vol. in-8, tirés sur papier in-4, v. mar., *front. gr*.

137. DUSSIEUX (L.). L'art considéré comme le symbole de l'état social, ou tableau historique et synoptique du développement des beaux arts en France. *Paris*, 1838, gr. in-8, br.

138. FALCONET. Œuvres d'Etienne Falconet, statuaire, contenant plusieurs écrits relatifs aux beaux arts. *Lausanne*, 1781, 6 vol. in 8, br.

139. GIRODET-TRIOSON. Œuvres posthumes, suivies de sa correspondance, précédées d'une notice historique et mise en ordre; par P. A. Coupin. *Paris*, 1829, 2 vol. gr. in-8, dem.-rel. v. r. tête dor. n. rog. *Figures. (Koehler)*.

140. JAL (A.). Esquisses, Croquis. Pochades, ou tout ce qu'on voudra sur le Salon de 1827. *Paris*, 1828, in-8, dem.-rel. veau r. *Figures, dont une grande col. d'H. Monnier.*

141. JAY (L. J.). Recueil de lettres sur la peinture, la sculpture et l'architecture. *Paris*, 1817, in-8, cart. n. rog., de 660 pages.

142. LABORDE. (le comte de). Rapport sur les beaux arts (exposition de 1855). *Paris, imp. imp.*, 1856, fort vol. in-8, de plus de 1000 pages, br.

> Exempl. s. pap. vélin.

143. LEBRUN. Précis historique de la vie de la citoyenne Lebrun, peintre, par J. B. de Lebrun, an II. — Essai sur le paysage par N. G. H. Lebrun, 1822. — Essai sur les moyens d'encourager la peinture, etc., par J. B. P. Lebrun, peintre et marchand de tableaux. *Paris*, an III. — Quelques idées sur la disposition, l'arrangement et la décoration du Muséum national, an III. — Examen historique et critique des tableaux exposés provisoirement, venant des envois de Milan. *Parme*, etc., an VI, par Lebrun, en 1 vol. et 2 broch., in-8.

144. MENGS. Opere di Ant. Raffaello Mengs, primo pittore della Maesta di Carlo III, Re di Espagna, publ. da G. N. d'Azara. *Parma*, 1780, 2 vol. in-4, veau, gr.

> Exempl. en pap. fort.

145. MENGS (A. Raphaël). Œuvres complètes, trad. de l'ital. par Janson. *Paris*, 1786, 2 vol. in-4, veau, rac. *Portrait.*

146. NEUF VOLUMES in-8, rel. et br., sur les antiquités et les arts en Italie (*en Italien*).

147. PACIAUDI. Lettres (sur les antiquités) au comte de Caylus, avec un appendice, des notes et un essai sur la vie et les écrits de cet antiquaire italien. *Paris*, 1802, in-8, dem.-rel. *Planches.*

148. PAILLOT de MONTABERT. L'Artistaire. Livre des principales imitations aux Beaux-Arts. La peinture, la sculpture, l'architecture, etc., etc. *Paris*, 1855, in-8, br. non coupé.

149. PAILLOT de MONTABERT. Théorie du geste dans l'art de la peinture renfermant plusieurs préceptes applicables à l'art du théâtre, 1813, in-8, br.

150. PEINTURE. 5 vol. et br.

Observations historiques et critiques sur les erreurs des peintres, sculpteurs, dessinateurs, 1771.§ — L'ami des arts ou justification des plus grands hommes, par de Croix, 1776. — L'histoire et le secret de la peinture en cire. Considération sur l'état de la peinture en Italie dans les quatre siècles qui ont précédé celui de Raphaël. — Mesures de la célèbre statue de l'Antinoüs, suivi de quelques observations sur la peinture transc. du ms. de N. Poussin, 1804.

151. PEINTURE. 11 brochures in-8.

Un mot sur le tableau d'Iphigénie, refusé par le jury, au Salon de 1824 par Du Pavill n. — Examen critique et impartial du tableau de M. Girodet (Pygmalion et Galathée), 1819. — Le tableau des Sabines, par David, an VIII. — Exposition de 3 tableaux, par Regnault, an VIII. — Description des objets d'art de la collection de B. G. Sage, 1807. — Mémoire sur la collection des tableaux et dessins de Bruun Nergaard, 1812. — Courtes réflexions sur la galerie des tableax du Louvre, et analyse critique du nouveau catalogue, par Claudius Tarral, 1850. — Sur l'anc. copie de la Cène de Léonard de Vincy, 1817. — Examen raisonné des ouvrages de peinture, etc., exposés au Salon du Louvre en 1814, par Delpech. — Notice sur la Galathée de Girodet, avec la gravure au trait.

152. QUATREMÈRE DE QUINCY. Considérations morales sur la destination des ouvrages de l'art ou de l'influence de leur emploi. *Paris, Crapelet*, 1815, gr. in-8, br.

153. QUATREMÈRE de QUINCY. Recueil de notices historiques. *Paris*, 1834. — Suite du recueil des notices historiques. *Paris*, 1837. Ensemble 2 vol. in-8, br.

154. RAPHAEL (l'ombre de), Ci-devant peintre de l'Académie de Saint-Luc, à son neveu Raphaël, élève des écoles gratuites de dessin, en réponse à sa lettre sur les peintures, gravures, sculptures exposées cette année au Louvre, 1771, in-8, br.

155. RAPHAEL (l'ombre de), Ci-devant peintre de l'Académie de Saint-Luc, à son neveu Raphaël, élève des écoles gratuites de dessin, en réponse à sa lettre sur les peintures, gravures, etc., exposées cette année au Louvre. S. L. 1771, — Lettre de Raphaël le jeune, élève des écoles gratuites, etc. *Paris*, 1771, en 1 vol. in-8, veau.

156. RÉPONSE de M. Jérôme, rapeur de tabac, à M. Raphaël, peintre de l'Académie de Saint-Luc, entrepreneur des enseignes de la ville, faubourg et banlieue de Paris. *Paris, Jombert*, 1769, in-8, br.

157. RUBENS (P. P.). Lettres inédites, publiées d'après ses au-

tographes, et précédées d'une introduction sur la vie de ce grand peintre, par E. Gachet. *Bruxelles*, 1840, in-8, br.

158. **Sept volumes sur les arts**, in-12, et in-8, rel. et br.

L'histoire de la peinture, des épisodes historiques, par Ch. Dezobry (histoire romaine) 1848. — Lettres sur l'art français en 1850, par de Chennevières. — Lettres sur les expositions d'objets d'art, les musées, etc., par d'Otreppo de Bouvette. *Liége*, 1860. — L'exposition à vol d'oiseau, par G. Claudin, 1855. — Voyage à travers l'exposition des beaux-arts, par Ed. About, 1855. — Les peintres des fêtes galantes, par Ch. Blanc, 1854. — Histoire d'un modèle, par J. Leconte, 1855.

159. **Wille** (J. G.). Mémoires et journal de Wille, graveur du roi, publiés d'après les manuscrits de la Bibliothèque Impériale, par G. Duplessis, avec une préface par E. et J. de Goncourt. *Paris*, 1857, 2 vol. in-8, br.

160. **Winckelmann**. Lettres familières. *Amsterd. (Paris)* 1781, 3 vol. in-8, veau br. fil.

161. **Visconti**. Mémoires sur les ouvrages de sculpture du Parthénon et quelques édifices de l'Acropole, à Athènes. *Paris*, 1818, in-8, cart. n. rog.

Dessin.

162. **Bosse** (Ab.). Traité des pratiques géométrales et perspectives enseignées dans l'ac. roy. de la peinture et sculpture. *Paris*, 1665, in-8, veau. *Planches.*

163. **Bossio**. Traité élémentaire des règles du dessin. *Paris*, 1802, in-12, cart. n. rog. *Figures.*

164. **Camper**. Dissertation physique sur les différences réelles que présentent les traits du visage chez les hommes des différents âges sur le beau, qui caractérise les statues antiques et les pierres gravées. Trad. du hollandais par Quatremère d'Isjonval. *Utrecht*, 1791, in-4, d.-rel. maroq. *Orné de nombr. planches gravées.*

Dans le même vol. : Discours prononcé par feu P. Camper en l'Ac. de dessin d'Amsterdam sur le moyen de représenter d'une manière sûre les diverses passions et enfin sur le beau physique. *Utrecht*, 1792, *nombr. figures.*

165. **Clinchamp** (de). Éléments de perspective linéaire et aérienne, à l'usage des personnes qui cultivent l'art du dessin. *Paris*, 1820, in-8, veau. *Planches.*

166. **Douat** (le P.). Méthode pour faire une infinité de dessins différents, avec des carreaux mi-partis de deux couleurs par une ligne diagonale. *Paris*, 1722, in-4. veau br. *Nombr. planches.*

167. Lespinasse. Traité de perspective linéaire à l'usage des artistes. *Paris*, 1801, in-8, d.-rel. 26 *planches.*

168. Mariette. Description sommaire des dessins des grands maistres d'Italie, des Pays-Bas et de France, du cabinet de Crozat. *Paris, Mariette*, 1741, in-8, parch.

> A la suite, la description des pierres gravées du même cabinet, par Mariette.

169. Monier. Histoire des arts qui ont rapport au dessin. *Paris*, 1698, in-12, v. br. *Front. gr.*

Architecture.

170. Aqiuno (Carolo de). S. J. Vocabularium architecturæ ædificatoriæ. *Romæ*, 1734, in-4, vél.

171. Architecture. 8 broch., in-4.

> Notice des ouvrages de sculpture, architecture et peinture, exposés au concours le 4 juillet 1793. — Noms des artistes. — Projets de places et édifices à ériger pour la gloire et l'utilité de la république, an VIII. — Rapport sur la manufacture des Gobelins, par Guillaumot, an IX. — Essai sur la restauration des piliers du dôme du Panthéon, par Delagardette, an VI. *Planches.* — Moyen prompt, etc., de réparer les piliers du Panthéon, par Giraud. *Planches.* — Décadence de l'architecture, par Vieil.

172. Bernardo Amico (le R. P. F.). Trattato delle Piante et imagini de i sacri edificii di terra santa. Disegnate in Gierusalemme ombragiatte et intagliate da Ant. Tempesti Fiorentino. *Romæ*, 1609, in-fol., parch. *Planches. (Mouillures.)*

173. Blavignac (de). Histoire de l'architecture sacrée du IVe siècle au Xe siècle, dans les anciens évêchés de Genève, Lausanne et Sion. 1853, in-8 de 400 p., *avec figures et atlas* in-4 obl., de 74 *planches.*

174. Carletti (N.). Istituzioni d'architettura civile. *Napoli*, 1772, 2 vol. in-4, rel. *Planches.*

175. Cipriani (G. B.). Degli edifici antichi e moderni di Roma. *Roma*, 1817, 2 vol. in-8, obl., d.-rel. maroq.

176. Delagardette. Leçons élém. des ombres dans l'architecture, faisant suite aux règles des cinq ordres de Vignole. *Paris*, 1786, in-4, cart. n. rog. *Planches.*

177. Detournelle. Recueil d'architecture nouvelle. *Planches.* Pet. in-fol., d.-rel.

178. Émeric-David. Mémoire sur la dénomination et sur les règles de l'architecture gothique. *Caen*, 1839, br. in-8.

179. FOURNEAU (Nic.). L'art du trait de charpenterie, par N. Fourneau, maître charpentier, à Rouen. *Rouen, Dumesnil,* 1768, in-fol. d.-rel. (2e part.)

180. FREART DE CHAMBRAY. Parallèle de l'architecture antique et de la moderne, avec un recueil des dix principaux auteurs qui ont écrit des cinq ordres. *Paris,* 1550, in-fol., veau br. *Planches.*

    Cet exemplaire a appartenu : 1o au sieur Mimerel, sculpteur et architecte lyonnais, avant 1710; 2o au sieur Ét. Delafons, de Saint Yonne ; 3o au sieur de Saint-Soubry, trésorier de France ; 4o depuis à Soufflot, architecte ; 5o à Rondelet père ; et 6o à Rondelet fils, arch.

181. GUARINI. Istruzione diverse concernenti l'officio dell' architetto civile. (Vers 1730), gros in-4. (*Volume cont. les planches au nombre de* 110.)

182. LAHURE. Moyens pour raccourcir les opérations de la perspective. *Paris,* 1790. *Planches.* — Lettre à un ami sur un monument public, par d'Ulin, arch. *Planches.* Discours sur les monuments publics, par Armand Guy-Kersaint. *Paris,* 1792, 12 *belles planches,* en un vol. in-4, rel.

183. LEROY. Hist. de la disposition et des formes différ. que les chrétiens ont données à leurs temples, 1764. *Planches.* — Observ. sur les édifices des anciens peuples, 1767, 2 br.. in-8.

184. MILIZIA (F.). Principi di architettura civile. Terza ed. veneta ; riveduta da G. B. Cipriani Sanese. *Bassano,* 1813, 3 vol. gr. in-8. vél. (Belle rel. italienne). — *Planches.*

185. MILIZIA (F.). Memorie architetti antichi e moderni. Terza edizione accresciutta e corretta dallo stesso auctore Fr. Milizia. *Parma, dalla stamperia Reale,* 1781, 2 vol. in-8, veau rac. fil. tr. dor.

    Exempl. en pap. vergé fort.

186. MONTFERRAND (A.). Lycée Richelieu, à Odessa. *Paris,* 1817, in-4, br. *Planches.*

187. NOLLI (Car.). Dell' arco Trajano in Benevento inciso, e posto in luce da Carlo Nolli. *Napoli,* 1770, in-fol. cart., 8, *grandes planches gravées avec le texte explicatif également gravé.*

    Exemplaire auquel on a ajouté le plan topographique *della pontificia città di Benevento.*

188. PERCIER et FONTAINE. Palais, maisons et autres édifices modernes dessinés à Rome. *Paris, Ducamp, de l'imp. de Baudouin,* 1798, in-fol. cart.

    Renfermant 100 pl. suivies du texte explicatif. — La pl. 3 se trouve lacérée par le milieu.

189. **Percier** et **Fontaine**. Résidences des souverains. Parallèle entre plusieurs résidences de souverains de France, d'Allemagne, de Suède, de Russie, d'Espagne et d'Italie, *Paris*, 1833, in-4, n. rog., avec atlas in-fol. de 38 *planches*, cart. à la Bradel.

190. **Perrault**. Ordonnance des cinq espèces de colonnes, selon la méthode des anciens. *Paris*, 1683, in-fol., veau br. *Figures.* (*Quelques notes marginales.*)

191. **Peyre**. OEuvres d'architecture. *Paris*, *l'auteur*, 1818, gr. in-fol., d.-rel., *avec 80 planches gravées.*

192. **Peyre** (M. J.). OEuvres d'architecture. *Paris*, 1765. 19 *planches.* — Supplément, 1795. — *4 planches complémentaires.* Ens. 2 fasc. in-fol., cart. et br.

193. **Philibert** de **l'Orme**, Lyonnais, architecte, conseiller et aulmonier ordinaire du feu roy Henry, et abbé de Saint-Éloy-lez-Noyon. Nouvelles inventions pour bien bastir et à petits fraiz. *Paris, F. Morel*, 1561, in-fol., veau br. *Planches.*

194. **Rondelet** (Ant.). Essai historique sur le pont de Rialto. *Paris*, 1836, in-4, cart. *Planches.*

    Exempl. pap. vélin.

195. **Rondelet** (J.). Addition au commentaire de Frontin, sur les aqueducs de Rome, cont. la descript. des principaux monuments de ce genre, construits par les anciens et les modernes. *Paris, Didot*, 1821, in-4, cart. n. rog. 20 *planches grav. par Gaitte.*

196. **Rondelet** (J.). Mémoire sur la marine des anciens, et sur les navires à plusieurs rangs de rames. *Paris*, 1820, in-4, cart. n. rog. 10 *planches gravées.*

197. **Rondelet** (Ant.). Trois brochures in-4.

    Étude sur la coupole du Panthéon de Rome, 3 pl. — Observ. sur la colonnade du Louvre, 1856. — Étude sur la question relative aux scamili impares, 1860. *Fig.*

198. **Rossi** (Gio. Giacomo de). Disegni di vari altari e cappelle nelle chiese di Roma con le loro facciate, fianchi, piante e misure de piu celebri architetti. *Roma, s. d.*, in-fol., d.-rel. 47 *planches y compris le titre.*

199. **Tosti** (Ant.). Intorno la origine e i progressi dell'ospizio apostolico di J. Michele, *Roma*, 1835, in-4, cart. (Papier fort). *Planches.*

200. **Vicenza**. Il forestiere istrutto nelle cose piu rare di architettura e di alcune pitture della citta di Vicenza. 1804, in-8, d.-rel. 36 *planches gravées.*

201. Vignole. Le due regole della prospettiva pratica di M. J. B. da Vignola, con i comment. dell|R. P. Egnatio Danti. *Roma, Zanetti,* 1583. in-fol. vél. *Planches.*

202. Vignole. Reigle des cincq ordres d'architecture, avec une augment. nouv. de Michel Ange Bonaroti. *Amst. Blaeu* 1631, in-fol. cart. *Planches* et très-beau portrait de Vignole gravé en bois. (*En quatre langues*).

203. Vignole. Architettura..... *Roma,* 1770. in-4. vél *Portrait et 50 planches grav.*

204. Vignole. Règle des cinq ordres d'architecture gravés par J. Le Pautre. in-12, br. *Jolies figures.*

205. Vitruvius Iterum et Frontinus a jocundo revisi, repurgatique quantum ex collatione licuit. *Florentiæ,* sumptibus Philippi de *Giunta,* 1513. in-8, dans sa rel. du temps.

Edition très-rare, ornée 140 figures gravées en bois.

206. Vitruve. Reigle générale d'architecture des cinq manières de colonnes. *Paris, Hier. de Marnef,* 1619, in-fol. cart. *Planches.*

Deuxième édit. revue par De Brosse.

207. Vitruve. Formæ ad explicandos M. Vitruvii Pollionis decem libros de architectura, cum brevibus explicationibus lat. et germ. cura A. Rode. *Berolini,* 1801, in-fol. cart. *Planches.*

208. Vitruve (L'architecture de), trad. en franç. avec des remarques, par de Bioul. *Brux.,* 1816, in-4. cart. n. rog. *Planches gravées.*

209. Winckelmann. Rem. sur l'architecture des anciens. *Paris,* 1783. *Pl.* — Recueil de lettres de Winckelmann sur les découvertes d'Herculanum, Pompéi, etc. *Paris,* 1784, en un vol. in-8, rel.

210. Zanini (G. Viola). Della architettura. *Padova,* 1629, in-4. veau fau. *Figures.*

Sculpture.

211. Barbet de Jouy. Musée imp. du Louvre. — Description des sculptures modernes. *Paris,* 1855, in-12. d.-rel.

212. Lajard (F.). Nouvelles observ. sur le grand bas-relief Mithriaque de la collection Borghèse, *Paris,* 1828, in-4, br. *Planche.*

213. Quatremère de Quincy. Lettres écrites de Londres à Rome, et adressées à M. Canova ; sur les marbres d'Algin ou sur les sculptures du temple de Minerve à Athènes. *Rome,* 1818, in-8, *gr. pap. vélin fort.* cart. n. rog.

214. Statues Antiques. Elegantiores statuæ antiquæ in variis Romanorun Palatiis asservatæ. *Romæ,* 1776, in-4, d.-rel.

215. Visconti. Mémoires sur des ouvrages de sculpture du Parthénon, et de quelques édifices de l'Acropole à Athènes, etc. *Paris,* 1818, in-8, cart.

Peinture.

216. Bartsch (Ad.). Le peintre-graveur. *Vienne,* 1803, 3 vol. in-12, d.-rel. *Fig.* (Tome I, II, III.)

217. Beyle. Histoire de la peinture en Italie, par M. B. A. H. *Paris, Didot l'aîné,* 1817, 2 vol. in-8, d.-rel.

218. Castel. L'optique des couleurs, *Paris,* 1740, in-12, v. gr. *Planches.*

219. Chevreul (E.). Recherches expérimentales sur la peinture à l'huile. *Paris, Didot,* 1850, in-4, br.

220. Dandré Bardon. Traité de peinture, suivi d'un essai sur la sculpture, *Paris,* 1765, 2 vol. in-12, cart. n. rog.

221. D'Argens. Reflex. critiques s. les diff. écoles de peinture. *Paris,* 1752, in-12, parch.
    Préc. de l'Ecole de la miniature (ce dernier est piqué).

222. Diderot. Essais sur la peinture. *Paris, An IV* in-8, mar. rou. doublé de tabis, tr. dor.

223. Discours sur l'origine des progrès et l'État actuel de la peinture en France, contenant des notices, sur les principaux artistes de l'académie. *Paris,* 1785, in-8, br.

224. Gault de Saint-Germain. Guide des amateurs de tableaux, pour les écoles allemande, flamande et hollandaise. *Paris, Renouard,* 1818, 2 vol, in-12, rel.

225. Gault de Saint-Germain. Traité de la peinture de Léonard de Vinci, préc. de la vie de l'auteur et du catalogue de ses ouvrages. *Paris,* 1803, fort vol. in-8, br. *Portrait et figures gravées d'ap. les originaux du Poussin et d'autres grands maîtres.*

226. G**iobert**. Traité sur le pastel et l'extraction de son indigo. *Paris, Imp. imp.* 1813, in-8, br. *Planches.*

Exempl. sur pap. vélin fort de Holl.

227. H**agedorn** (de). Réflexions sur la peinture, trad. de l'all. par Huber. *Lepzig*, 1775, 2 vol. in-8. rel.

228. J**oullain**. Réflexions sur la peinture et la gravure, accomp. d'une dissert. sur le commerce de la curiosité et les ventes en général. *Metz*, 1786, in-12, d.-rel.

229. L**aborde** (le Comte de). La renaissance des arts à la cour de France, études sur le seizième siècle. *Paris*, 1855, in-8, br.

Ce volume comprend la peinture (additions au T. IV.)

230. L**airesse** (Gerard de). The Art of Painting in all its branches, methodically demonstrated by discourses and plates, etc., translated by J.-F. Fritsch, painter. *London*, 1738; 71 *planches grav. par Carrvitham*

Edition rare en France.

231. M**ansion**. Lettres sur la Miniature. *Paris*, 1823, in-12 broch.

232. P**einture**. Recueil d'ouvrages en 1 vol. in-12, v. mar.

Principes abrégés de peinture, par Dutens. *Tours*, 1779. — L'Ecole de la miniature. *Paris*, 1769. — L'Art de graver au pinceau, par Stopart. *Paris*, 1773.—L'histoire et le secret de la peinture en cire.

233. P**einture**. 5 vol. broch.

Réflexions sur quelques causes de l'état présent de la peinture en France, par Lafont de Saint-Yenne, 1747.—De la peinture, considérée dans ses effets sur les hommes, par Raymond.—Mémoire sur la peinture à l'encaustique et sur la peinture à la cire, par Majault.—Considérations sur la peinture en Italie, 1811. — Œuvres d'Ant.-Raphaël Mengs, 1781.

234. P**iles** (de). Recueil de divers ouvrages sur la peinture et le coloris. *Paris*, 1745, in-12, veau m.

235. R**ocamir de la** T**orre**. Observations sur le coloris, le dessin et les beaux airs des têtes que l'on remarque dans les tableaux des peintres célèbres. *Toulouse*, 1655, in-8, br.

236. T**hénot**. Traité de peinture à l'aquarelle et de lavis. *Paris*, 1840, in-8, br. *Figures col.*

237. W**atin**. L'Art du peintre, doreur, vernisseur. *Paris*, 1785, in-8.

Peinture sur verre et en émail.

239. A**rclais de** M**ontamy** (d'). Traité des couleurs pour la peinture en émail et sur les porcelaines, précédé de l'Art de peindre sur émail. *Paris, 1765, in-12, broché non coupé.*

240. — Le même relié.

241. BONTEMPS (G.). Peinture sur verre au xixe siècle; les secrets de cet art sont-ils retrouvés? Quelques réflex. sur ce sujet. *Paris,* 1845, in-8, br. (*Envoi d'auteur.*)

242. DUSSIEUX (L.). Recherches sur l'histoire de la peinture sur émail, dans les temps anciens et modernes, et spécialement en France. *Paris,* 1841, in-8, br. *Marques grav. en bois.*

243. LASTEYRIE (F. de). Quelques mots sur la théorie de la peinture sur verre. *Paris, Didron,* 1852, in-12, br. papier vélin.

244. LE VIEL. Art de la Peinture sur verre et de la Vitrerie; in-4, d.-rel. maroq. r. *Planches.*

245. LE VIEL. Essai sur la Peinture en mosaïque. *Paris,* 1768, in-12, v. mar.

> On trouve à la fin du vol. un *Traité ou Essai sur la Mosaïque,* par Pingeron, manuscrit d'une fort jolie écriture. (Titre en couleur).

246. SHAW (Henry). A booke of Sundry Dravghtes, principaly serving for glasiers. *London, W. Pickering,* 1848, pet. in-4, d.-rel. 117 *planches à deux teintes.*

247. THIBAUD (E.). Considérations historiques et critiques sur les vitraux anciens et modernes et sur la peinture sur verre. *Clermont,* 1842, in-8, br. *Planches.*

Gravure et Typographie.

248. BODONI (G.). Manuale tipographico del cavaliero Giamb. Bodoni. *Parma,* 1818; 2 vol. in-fol., bonne rel. anglaise, v. ant., fil. *Portrait.*

> BEL EXEMPLAIRE. — Rare en France.

249. BOSSE (Abraham). De la manière de graver à l'eau forte et au burin. *Paris,* 1743, in-8, bas. *Frontisp. grav.* (manq. le le titre imp.). *Fig. et vignettes.*

250. CHOFFARD (P.-P.). Notice historique sur l'art de la gravure en France. *Paris,* 1804, in-8, cart. *Orné d'une charmante vignette, à l'eau forte, gravée par l'auteur. (Son atelier.)*

251. FOURNIER, le Jeune. Manuel typographique, utile aux gens de lettres, etc. *Paris, Barbou,* 1764 ; 2 vol. in-12, v. gr. *Planches.*

> Bon exemplaire de ce livre précieux et rare.

252. GRAVURE. 5 broch. in-12 et in-8.

> La gravure française au Salon de 1855, par G. Duplessis. — Notice des estampes exposées à la Bibliothèque du Roi, 1819. — Catalogue des estampes dont les planches appartiennent à l'Académie royale de Peinture et de Sculpture. *Paris,* 1788. — Notice sur la vie et les ouvrages de Monsiau. — Essai sur l'origine et les avantages de la gravure, par Gaucher, an vi.

253. GRAVURE et LITHOGRAPHIE. 2 broch. in-8.

> Essai sur l'origine et les avantages de la gravure, par Gaucher, an vi. — Procédé actuel de la lithographie, par D***, 1818.

254. LAMBINET (P.). Origine de l'Imprimerie, d'après les titres authentiques. *Paris,* 1810 ; 2 vol. in-8, v. m., fil. *Portrait et fac-simile de la Bible sans date*

255. LE BLANC (Ch.). Notice de quelques copies trompeuses d'Estampes anciennes. *Paris,* 1849, in-8, br. *Planches.* (Tiré à 200 exempl.) *Rare.*

256. MARCHAND (P.). Histoire de l'origine et des premiers progrès de l'Imprimerie, par P. Marchand. *La Haye,* 1740, in-4, v. fauve. *Frontispice allégorique gravé.*

Livres à figures.

257. ALBERTOLLI (Gioc.). Alcune decorazioni di nobili sale ed altri ornementi. *Milano,* 1787, gr. in-fol. cart.

> 23 planches d'ornements : meubles, bronzes, vaisselle, etc., du style Louis XVI.

258. ALBUM factice, in-fol. obl. relié en veau.

> Cet album renferme 80 planches gravées représentant diverses vues de Vienne en Autriche, du xviie et du commencement du xviiie siècle, des fêtes et joûtes, ainsi qu'un grand nombre d'intérieurs d'appartements, par P. Decker, arch. (*Belles épreuves.*)

259. BARTHOLOZZI. 9 planches, sujets d'études, gravées. *Londres* en 1793, gr. in-4 obl. cart.

260. BAS-RELIEFS DU VATICAN, d'après Raphaël. Album de 72 planches in-fol. oblong, publ. par Jacobi de Rubeis, rel. en parch. vert.

> Très-belles épreuves.

261. BEAUX-ARTS (Recueil de planches du dictionnaire des). *Paris, Agasse,* 1805, in-4, cart. (*Encyclopédie méthodique.*)

262. BERTIN. Recueil d'études d'arbres. *Paris,* 1824 ; 44 *planches* in-fol., en livraisons.

263. BOCKLER (G.-A.). Les planches de son ouvrage sur les machines hydrauliques. (Édition de *Cologne*, 1662), pet. in-fol., belle rel. en veau. 112 *planches bien gravées*. (*Rare.*)

264. BOUCHET (J.) (Compositions antiques dessinées, gravées et publiées par). *Paris*, 1851, in-4, obl., en 4 liv. (Envoi d'auteur.)

Exemplaire sur chine.

265. BOULENCOURT (le Jeune de). Description générale de l'hostel royal des Invalides. *Paris*, 1683, in-fol., veau. *Planches gravées*. (*Plans, profils et élévation de ses faces, coupes et appartements.*)

266. CENT VUES de ROME gravées, en 1 vol. in-4, demi-rel. maroq.

267. CHALON (J.-J.). Costumes de Paris, dessinés par Chalon. *London*, 1822, petit in-fol., demi-rel.

24 jolies planches lithographiées et coloriées.

268. CHENAVARD. Compositions historiques. *Lyon, L. Perrin*, 1862, in-4, obl. cart. *Planches au trait*.

Très-beau vol. Planches imprimées au bistre, par L. Perrin, avec texte en caractères du XVIe siècle.

269. CHENAVARD. Vues d'Italie, de Sicile et d'Istrie. *Lyon, L. Perrin*, 1861, in-4, obl., demi-rel., dos et c. de maroq. v. *Planches*.

Les planches sont tirées par Fugère, et le texte par L. Perrin.

270. CHENAVARD. Tombeaux d'après les dessins de A. M. Chenavard, professeur à l'Ecole des Beaux-Arts de Lyon. *Lyon, Boitel*, 1850, in-fol. cart, 15 *planches gravées*.

271. CLARAC (le comte de). Description historique et graphique du Louvre et des Tuileries, précédée d'une notice biographique sur l'auteur, par A. Maury. *Paris*, 1853, grand in-8, dem. rel. veau fauve, *nombreuses planches gravées*.

Bel exemplaire.

272. COIGNET (J.). Cours complet d'études de paysage, dessiné et lithographié d'après nature. *Paris, Moyon*, 18 *planches* in-fol. en livr.

273. COLLECTION de 302 planches gravées en Allemagne au siècle dernier, représentant les plans, coupes et élévations de maisons de plaisance et bourgeoises, seigneuries, chapelles, églises, couvents, colléges, fabriques, usines, etc., en 1 vol. petit in-folio oblong, cart.

274. Concile de Constance. Album de 24 planches gravées, petit in-folio cart.

> Portraits et blasons.

275. Costumes et mœurs des Italiens, d'après Pinelli, en 50 feuilles petit in-12, obl. cart.

> Charmantes vignettes tirées sur chine.

276. Costumes russes. Recueil de trente croquis lithographiés par de Lasteyrie, représentant des scènes et costumes russes, dessins de divers artistes (Hipp. Bellangé, A. G. Houbigant, etc.). *Paris*, 1821, *Engelmann*, in-fol. en feuilles.

277. Cottafavi. Nuova raccolta di numero cinquanta vedute principali di Roma e sui contorni. *Roma*, 1843, in-fol. obl. cart.

> 50 planches (belles épreuves).

278. Délices des maisons de campagne, appelées le Laurentin et la Maison de Toscane, représentées en figures gravées en taille douce, avec le Peintre Parfait. *Amster.*, 1736, in-12, veau.

279. Dubost (A.). Collection de onze planches lithographiques représentant la vue de Newmarket et la vie du cheval de course depuis l'instant où il est dans le haras jusqu'à celui de sa vente, figuré sous les formes des plus célèbres chevaux de course anglais en 1809. *Paris*, 1818, in-fol. obl. cart. (*Texte français et anglais.*)

280. Écosse. Picturesque antiquities of Scotland, et ched by Ad. de Cardonnel. *London*, 1793, in-8, dem. rel. m. r.

281. Estampes. Précis historique de la guerre, dont les principaux événements sont représentés dans les seize estampes, gravées à Paris, pour l'empereur de la Chine, sur les dessins que ce prince en a fait faire à Pékin, et qu'il a envoyés en France. *Paris*, 1791, br. in-4.

282. Galerie (la) de Florence. *Basle*, 1798, in-8, br.

283. Galerie française, ou Collection de portraits des hommes et des femmes qui ont illustré la France dans les XVIᵉ, XVIIᵉ et XVIIIᵉ siècles, par une société d'hommes de lettres et d'artistes. *Paris, Didot*, 1823, gros in-4, br. *Portraits et fac-simile d'autographes* (tome III).

284. Jacottet et Benoist (J. et Ph.). Promenades dans Paris et ses environs, dessinés d'après nature et lithographiés. *Paris*, s. d., in-fol., dem. rel., m. r.

> 42 vues des monuments les plus remarquables.

285. JULES ROMAIN. L'Entrée de l'empereur Sigismond à Mantoue, gravée en 25 feuilles, d'après une longue frise, exécutée en stuc dans le palais du T. de la même ville, sur un dessin de Jules Romain, par Antoinette Bouzonnet Stella, in-fol. obl., cart. (*Belles épreuves.*)

286. LAFAGE. 20 feuilles en un cahier in-fol., représ. 34 sujets gravés, dont la Tour de Babel, la grande planche des Noces de Cana, etc., etc.

287. LENORMAND. Atlas des deux volumes : Les Artistes contemporains. Salons de 1831-33, grand in-4, 8 planches sur chine au lieu de 9. (Manque Giotto.)

288. LE PAUTRE (Jean). Recueil d'estampes en vol. petit in-fol. oblong, 62 pièces.

Frontispice avec le portrait de Le Pautre en médaillon. — Sujets de la Bible (17). — Fontaines (12). — Sujets mythologiques (19). — Dessins d'Alcave, publ. par Le Blond et dédiés à Ch. Patin (13).

Toutes ces planches sont d'anciens tirages.

289. MICHALON (A. E.). Vues d'Italie et de Sicile, dess. d'après nature, par Michalon. *Paris*, 1827, in-fol., dem. rel., *planches sur chine.*

290. MICHEL (A.). Keepsake de l'art en province. *Moulins*, in-8, dem. rel. m. r. *Très-belles gravures anglaises et texte encadré d'ornements.*

291. PARROCEL et CREPY. Divers dessins (au trait) de cavalerie et d'infanterie. 2 t. en 1 vol. in-fol., mar. r., tr. dor., ombrée. (*Ancienne reliure bien conservée.*)

Cavalerie, 119 pl. — Infanterie, 17 pl.

292. ROME. Nuova raccolta delle principali vedute antiche e moderne dell' alma citta di Roma e sue vicinanze. *Roma*, 1830, in-8, oblong, dem. rel., mont. r.

Environ 100 planches gravées.

293. RUSSIE. Atlas in-folio, relié, de 39 planches représentant les vues et plans des principales villes de Russie, dessinées par Lespinasse et Tardieu, grav. par Née, ainsi que des planches d'antiquités et costumes.

294. SHAW (H.). A booke of sundry dranghtes. Principaly serving for Glaziers : and not impertinent for Plasterers, and Gardeners : besides sundry other professions. *London*, *W. Pickering*, 1848, in-8, dem. rel. en percal. v. *Titre gravé.*

Recueil de 117 planches : dessins très-variés et d'une grande beauté, pour vitraux, parquets, mosaïque, etc., d'une utilité toute pratique.

295. Spruyt (Ch.). Lithographies d'après les principaux tableaux de la collection de Monseigneur le prince Auguste d'Arenberg, avec le catalogue descriptif. *Bruxelles*, 1829, in-4, cart. *54 figures lithographiées.*

296. Tempeste. Suite de 8 planches gravées (chasses), petit in-folio oblong, cart.

> Avec dédicace gravée, à Charles de Valois, duc d'Angoulême, 1621.

297. Trophées des armées françaises, depuis 1792 jusqu'en 1815, par Tissot. *Paris, Le Fuel*, 1815. 6 vol. in-8, dem. rel., *belles et nombreuses gravures.*

298. Troyes. Quatre vues de l'ancien Troyes, gravées sur cuivre, avec notices historiques, inédites, publiées par Varusoltis (Varlot), antiquaire à Troyes. *Paris*, 1860, in-4, pap. vergé.

299. Vasi. Itinéraire instructif de Rome en faveur des étrangers qui souhaitent connaître les ouvrages de peinture, etc. *Rome*, 1786, 2 tom. en 1 vol. petit in-8, cart., *orné de jolies figures.*

300. Vasi (Marien). Itinéraire instructif de Rome ancienne et moderne. *Rome*, 1792, 2 tom. en 1 vol. in-12, dem. rel. *Portrait et figures.*

301. — Le même. 1807, 2 vol. in-12, dem. rel., fig.

302. Visconti. Iconographie grecque. *Paris, de l'imp. de P. Didot l'aîné*, 1811, 3 vol. in-4, et atlas in-fol. de planches, dem. rel.

> Exempl. de Mionnet auquel il a été offert par ordre de M. le duc de Bassano, ministre des affaires étrangères. (Note autogr. sur le titre, signée d'Hauterive.)

302 *bis.* Visconti. Iconographie romaine. *Milan*, 1818, in-8, br., tiré sur gr. papier. Planches gravées (*bustes et médailles*). (Tome Ier.)

Poésies sur les arts.

303. Chiusole. Dell' arte pittorica libri VIII, coll' aggiunta di camponimenti diversi del cante Chiusole. *Venezia*, 1769, in-8, cart.

304. Du Fresnoy. L'art de peinture, trad. en françois, enrichy de remarques et augmenté d'un dialogue sur le coloris. *Paris*, 1673, in-12, v. br.

305. Du Fresnoy. L'art de peinture, trad. avec des remarques par De Piles. *Paris*, 1783, in-12, v. mar.

306. Du Fresnoy. L'art de peinture, trad. en franç. (par De
Piles). *Paris*, 1684, in-12, veau. (*Mouill. d'eau.*) A la fin,
une jolie suite de 32 vignettes grav. par Seb. Leclerc. (*Fig.
d'Académie pour apprendre à dessiner.*)

307. Le Mière, de l'Ac. franç. La Peinture, poëme en trois
chants. *Paris, Mérigot*, 1769, in-8, br., non rogn., *front. et
3 jolies pl. de Cochin, grav. par Prévost, Ponce et Saint-
Aubin.*

308. Watelet. L'Art de peindre, poëme, avec des réflexions
sur les diff. parties de la peinture. *Paris*, 1760, in-12, *figures
de Watelet.* (*Bel exempl.*)

309. Watelet. L'Art de peindre; nouv. édit., augm. de deux
poëmes sur l'art de peindre de Du Fresnoy et de l'abbé Mar-
sy. *Amst.*, 1761, in-12, v. porph. *Frontispice gravé et vign.*
(*Bel ex.*)

MUSÉES ET SALONS

**Musées français et étrangers, Livrets de salons, Notices
historiques et descriptions de collections publiques
et particulières, Catalogues de dessins, estampes,
tableaux, statues, antiquités, etc.**

310. Bartsch (A.). Catalogue raisonné des dessins originaux
des plus grands maîtres anciens et modernes, qui faisaient
partie du cabinet de feu le prince de Ligne. *Vienne*, 1794,
in-8, br.

311. Basan (F.), graveur. Catalogue raisonné des diff. objets
de curiosités dans les sciences et les arts, qui composoient
le cabinet de feu M. Mariette. *Paris*, 1775, in-8 de XVI et
418 pag., dem. rel., non rogné.

La vente de cet amateur célèbre s'est élevée à 288,500 fr. Cet exemplaire
est avec les prix et les noms manuscrits des acquéreurs ; en outre du beau
frontispice de Choffard, gravé par Cochin, il est orné de plusieurs gravures
à l'eau forte. (*Rare et très-recherché.*)

312. Basan. Le même catalogue du cabinet Mariette, *avec les
prix*, veau marb. (*Bel ex.*)

Suivi du catalogue des tableaux qui composent le cabinet de Monseig. le
duc de Choiseul, par Boileau, peintre. *Paris*, 1772. (*Prix manusc.*)
Tableaux capitaux.

313. Basan. Catalogue d'estampes des plus grands maîtres
italiens, flamands et françois, de divers recueils d'estampes,

d'architecture et autres traités sur les arts, dépendants de la succession de M. Mariette. *Paris*, 1775, in-8, cart.

Ce complément au catalogue Mariette est fort rare.

314. BASAN. Cinq catalogues de vente de dessins, estampes et tableaux, dont les ventes ont eu lieu de 1758 à 1766, cart. (*Le premier avec prix et noms des acquéreurs.*)

315. CATALOGUES DE CURIOSITÉS. 2 vol. in-8, br.

1° Cabinet de la duchesse de Mazarin, par Le Brun, peintre. 1781. (Pourri dans la marge.) — 2° Du cabinet de l'abbé Campion de Tersan, 1819.

316. CATALOGUE de tableaux, bronzes, vases, porcelaines, etc., de M. de Montribloud, par Paillet et Julliot, 1784. — Catal. raisonné d'objets de physique et d'instrumens du même cabinet, en 1 vol. in-8, rel.

317. CATALOGUE de ventes de tableaux, dessins, aquarelles, miniatures, etc. (Environ 50.)

318. CATALOGUES (environ 180) de ventes d'estampes, dessins, aquarelles, etc.

319. CATALOGUES. 5 vol. et broch.

Dessins et gouaches du cab. Bruun-Nergaard, par Regnault Delalande, 1814. — Estampes du cabinet du duc d'Ursel, par Bénard, 1806. — Dessins et estampes du cabinet Basan, par R. Delalande, an VI. — Dessins, gouaches, aquarelles du cabinet de Regnault Delalande, par Perignon, 1825.

320. CATALOGUES DE DESSINS. 25 br. in-8.

321. CHARLES DE VALOIS (Catalogue raisonné de la précieuse collection d'estampes du cabinet de feu), par Franc. L. Regnault. *Paris*, 1801, br. (*Rare.*)

Prix manusc. et noms des acquéreurs.

322. COLLECTION BERNAL. Catalogue of the celebrated collection of Works of art, from the byzantine period to that of Louis XVI, of that distinguished collector, Ralph Bernal esq. (Vente faite en 1855.) In-8, cart. en percal. *Nombr. planches.*

Ce catalogue comprend 4294 numéros. (*Ex. Sauvageot.*)

323. COLLECTION DE LA COMBE. Catalogue de tableaux, dessins, aquarelles, eaux-fortes, lithographies et livres à figures. (Vente faite en 1863.) in-8 br.

324. COLLECTION LOUIS FOULD. Objets d'art, antiquités et tableaux, 1860; et 14 autres catalogues de ventes d'objets d'art, fayences, etc.

325. DEFER (P.). Catalogue raisonné de la rare et précieuse collection d'estampes réunie par les soins de M. Debois. *Paris*, 1843, in-8, demi-rel.

326. D'Ennery (Catalogue de tableaux des trois écoles, antiquités, etc., du cabinet de feu M.), par les SS. Remi et Miliotti. *Paris*, 1786, in-8, br. (*Prix.*)

327. Dubois. Description du cabinet Denon. (Monuments antiques, historiques, modernes, ouvrages orientaux, etc.) *Paris*, 1826, in-8, br.

328. Dufourny. Catalogue de tableaux, dessins, estampes, etc., composant la collection de Léon Dufourny, par H. Delaroche. 1819, in-8, br.

329. Duras (Catalogue des bustes, vases, porcelaines, etc., du cabinet de feu le maréchal duc de), par Julliot et Delalande. *Paris*, 1789, in-8, br.

330. Fesch. Catalogue des tableaux composant la galerie de feu S. E. le cardinal Fesch. *Rome*, 1841, in-4, br. (3326 numéros.)

> Rare.

331. Georges, expert des musées royaux. Catalogue raisonné des tableaux du cardinal Fesch. *Rome*, 1844 (2e et 3e part.); gr. in-8.

332. Goddé (J.). Catalogue raisonné d'une collection de livres, pièces et documents, manuscrits et autographes relatifs aux arts de peinture, sculpture, gravure et architecture, réunie par J. Goddé. *Paris*, 1850, in-8, br.

> Exemplaire en gr. papier vergé fort, avec la table des auteurs. (*Rare.*)

333. Gros (le baron). Catalogue des tableaux, esquisses, dessins et croquis de M. le baron Gros, rédigé par Dubois. *Paris*, 1835, in-8, br.

334. Jombert (Ch.-Ant.). Essai d'un catalogue de l'œuvre d'Etienne de La Belle, peintre et graveur florentin, avec la vie de cet artiste. *Paris*, 1772, in-8, veau marb. orné d'une jolie vignette de Cochin.

> Bel exempl. provenant de la bibliothèque de J. B. Decamps, avec son ex-libris, dess. et grav. par Le Mire.

335. Laborde (le comte de). Notice des émaux, bijoux et objets divers exposés dans les galeries du Louvre (IIe part.); 1853, in-12 non rogné. (Documents et glossaire.)

336. Lépicié. Catalogue raisonné des tableaux du Roy, avec un abrégé de la Vie des Peintres. *Paris, I. R.*, 1752; 2 tom. en 1 vol. in-4, d.-rel. n. rog. (*Bel. ex.*)

337. Le Roux de Lincy. Collection d'estampes concernant l'histoire de France, et tout particul. l'histoire de Paris; 1855, in-8, br. (1289 numéros.)

338. LIVRETS DU SALON. (Artistes vivants.) 1801, 1802, 1806, 1808, 12, 14, 17, 19, 22, 24, 26, 27, 31, 33, 35, 36, 37, 38, 39, 41, 42, 43, 44, 45, 46, 47, 49, 50, 52, 53, 55, 57, 59, 61. Ens. 34 vol. in-12, br.

339. — Années séparées, 30 vol.

340. MECHEL (Ch. de). Catalogue des tableaux de la galerie impériale et royale de Vienne. *Basle*, 1784, in-8, demi-rel., veau fauve. *Planches. (Closs.)*

340 *bis*. MICHIELS (Alf.). Catalogue des tableaux et dessins de Rubens, avec l'indication des endroits où ils se trouvent. *Paris*, 1854, in-8, br.

341. MUSÉES de PROVINCE. 5 vol. et brochures.

Rouen, Rennes, Eu, Grenoble, Toulouse.

342. MUSÉES ÉTRANGERS. 14 vol. et broch.

Anvers, Bruxelles, Gand, Amsterdam, Florence, Madrid, guide à Nice. — Descript. de Gênes (1768). Musée de Malborough-House, etc.

343. MUSÉE NAPOLÉON III. Catalogues des tableaux, des sculptures de la renaissance et des majoliques. — Bijoux. 1862, 2 vol. in-12, br.

Exempl. sur grand papier vélin fort.

344. NOTICES ET LIVRETS. 9 vol ou br. in-12.

Not. des dessins placés dans les galeries du musée royal, 1838. — Galerie d'Apollon, par de Chennevières. — Musée du Luxembourg, 1830. — Tableaux du Louvre, par F. Villot (éc. d'Italie et d'Espagne). — Not. des statues, etc. (an IX). — Les mêmes, an VII et an X. — Descript des antiques, par Visconti, etc.

345. PALMERINI (Nic.). Catalogo delle opere d'intaglio di Raffaello Morghen. *Firenze*, 1810, in-8, br. *Portrait.*

346. PASSALACQUA. Catalogue raisonné et historique des antiquités découvertes en Egypte. *Paris*, 1826, in-8, rel. veau v. *Fac-simile et titre lithogr.*

Ouvrage estimé et peu commun.

347. PELET (A.). Catalogue du musée de Nîmes. — Notice historique sur la Maison carrée. Biographie de Sigalon. *Nîmes*, 1853, in-8, br.

348. REGNAULT. Catalogue raisonné d'un choix précieux de dessins, d'estampes anciennes et modernes, livres à figures, tableaux, etc., qui composaient le cabinet de M. Basan. *Paris*, an VI, in-8, cart., n. rog. *Joli front. gravé par Choffard.*

349. REGNAULT-DELALANDE. Catalogue d'une collection nombreuse d'estampes anciennes et modernes, recueils, gale-

ries et cabinets, livres à figures, livres sur les arts, tableaux
et dessins, prov. du cabinet M. le comte Vincent Potocki.
Paris, 1820, in-8, br.

350. REGNAULT-DELALANDE. Catalogue raisonné du cabinet de
Ch. Leoffroy de Saint-Yves. *Paris*, 1805, in-8, rel.

    Suivi de la table, des artistes et des prix.

351. REGNAULT-DELALANDE. Catalogue raisonné d'objets d'arts
du cabinet de feu M. de Silvestre, maître à dessiner, des enfants de France. *Paris*, 1810, fort vol. in-8.

    Important catalogue bien rédigé.

352. ROBERT DE SAINT-VICTOR. Catalogue d'une riche collection de tableaux des trois écoles, bronzes, objets d'art, médailles, etc., qui composent le cabinet de M. Robert de Saint-
Victor, rédigé par P. Roux. *Paris*, 1822, in-8, de 200 pag.
br.

353. SALON DE PEINTURE, etc. 3 vol. br.

    Salon de 1847, par M. Thoré. — De 1861, par Max. du Camp. — Salon
de 1850-51, par A. de la Fizelière.

354. SALON DE PEINTURE, etc. 7 vol. in-12, br.

    Le salon de 1844, par T. Thoré, avec eau-forte de Jeanron. — Le salon
de 1847, par Thoré, préc. d'une lettre à F. Barion. — Salon de 1852, par
Grün. — Salon de 1852, par E. et J. de Goncourt. — Le salon de 1859,
par Max. du Camp. — Le salon de 1861, par le même. — Salon de
1850-51, par Alb. de la Fizelière.

355. SCHOREL. Catalogue des tableaux, peintures à gouache,
miniatures, dessins, estampes, médailles, etc., prov. du cabinet de M. Van Schorel. *Anvers*, 1774, in-8, veau mar.
(428 pages.)

356. SOLTIKOFF. Catalogue des objets d'art et de haute curiosité, composant la célèbre collection du prince Soltikoff.
Paris, 1861, in-8, br.

357. VATOUT. Notices historiques sur les tableaux de la galerie
du duc d'Orléans. *Paris*, 1823, 4 vol. in-8, br.

358. VIARDOT. Les musées d'Allemagne et de Russie. *Paris*,
1844, in-12, d -rel.

359. VIARDOT. Les musées d'Italie, 1 vol. in-12, d.-rel. — Les
musées d'Espagne et d'Angleterre, in-12, br.

360. VILLOT (F.). Notice des tableaux du Louvre (1re *part., Eco-
les d'Italie*), 1849, in-8, tiré sur gr., pap. de Holl., br.

361. VILLOT (F.). Notice des tableaux du musée du Louvre.
Paris, 1852-59, 3 vol. in-12, br. (les 3 écoles).

362. WAAGEN. Descript. et catal. du musée de Berlin. *Berlin,* 1833, in-8, br. (*en allemand.*)

363. WITTE (J. de). Description des antiquités et objets d'art qui composent le cabinet de feu M. le chev. E. Durand. *Paris, F. Didot,* 1836, gros vol. in-8, pap. vergé. *Planches.*

364. WITTE (J. de). Description de la collection de M. le vicomte Beugnot. *Paris,* 1840, in-8, br.

Vies des peintres, sculpteurs, architectes et amateurs célèbres.

366. ARGENVILLE (Dezallier d'). Abrégé de la vie des plus fameux peintres, avec leurs portraits gravés en taille-douce, la manière de connaître les dessins des grands maîtres, etc. *Paris, Debure,* 1745, 2 vol. — Supplément, 1752, 1 vol., ens. 3 vol. in-4, veau marbr. (*mouill. d'eau.*)

367. ARGENVILLE (Dezallier d'). Abrégé de la vie des plus fameux peintres, avec leurs *portraits gravés en taille-douce,* les indications de leurs principaux ouvrages, et la manière de connaître les dessins et les tableaux des grands maîtres. *Paris, Debure,* 1762, 4 vol. in-8, veau mar. fil.

368. ARGENVILLE (Dezallier d'). Vies des fameux architectes dep. la renaissance des arts, avec la description de leurs ouvrages. — Vies des fameux sculpteurs. *Paris,* 1787, 2 vol. in-8, v. gr.

369. ARGENVILLE (d'). Vies des fameux architectes, depuis la renaissance des arts, avec la description de leurs ouvrages. *Paris,* 1787, 2 vol. in-8, rel. pl., veau fau., dent., tr. dor.. (*Bel exempl.*)

370. BASAN. Dictionnaire des graveurs anciens et modernes, depuis l'origine de la gravure. *Paris,* 1789, 2 vol. in-8, cart. n. rog. *Front. de Cochin.*

371. BENVENUTO CELLINI (Vie de). Écrite par lui-même, et trad. par D.-D. Farjasse. *Paris,* 1833, 2 vol. in-8, d.-rel., v. vert. *Portrait.*

372. BERNARD (Aug.). Geofroy Tory, peintre et graveur, premier imprimeur royal, réformateur de la typographie sous François Ier. (Étude historique et biographique.) *Paris,* 1857, in-8, dem.-rel., v. ant., n. rog., *avec figures gravées en bois.*
Exempl. relié sur brochure.

373. BERNARDO DE DOMINICI. Vite de Pittori, scultori ed architetti napolitani. *Napoli,* 1742, 2 vol. in-4, parch.

374. **Berty** (A.). Les grands architectes français de la Renaissance : *P. Lescot, Ph. de l'Orme, J. Goujon, J. Bullant,* les *Du Cerceau,* les *Métezeau,* les *Chambiges,* d'après de nombreux documents inédits des bibliothèques et des archives. *Paris,* 1860, petit in-8, dem.-rel. mar., tête dor., *illustré de lettres ornées et de fleurons dans le style du* xvie *siècle, et de plusieurs blasons et* fac-simile *de signatures.*

375. **Bianconi** (G. L.). Lettere di G. L. Bianconi. *Milano,* 1802, in-8, br.

Sur la vie des peintres bolonais, avec portraits gravés.

376. **Biographies d'artistes.** 3 broch., gr. in-8.

Aubry-Leconte, par Galimard. — Mme Aug. Dufresne, v^e Gros, par Mme de Belmont. — Pradier, par Étex.

377. **Boichot** (Vie de Guill.), de l'Ac. roy. de sculpture, né à Châlon-S.-S. Par Lebas de Courmont. *Paris, Didot,* 1813, in-8, br. *Portrait.*

378. **Callot.** Éloge historique de Callot, noble lorrain, célèbre graveur, dédié à S. A. R. Mgr Charles-Alexandre de Lorraine. *Bruxelles,* pet. in-8, br.

Exemplaire en gr. pap. vergé fort. Texte encadré, avec portrait de Callot, par Cottin, dans un fleuron.

379. **Canova** (della vita di Ant.) compilati da Melchior Missirini. *Prato,* 1834, in-8, rel. en vél. *Portr. et pl.*

380. **Canova** et ses ouvrages, ou mémoires hist. sur la vie et les travaux de ce célèbre artiste. *Paris,* 1844, in-8, br.

Exemplaire sur grand papier vélin.

381. **Cellini** (Vita di Benvenuto), orefice e scultore fiorentino da lui medesimo scritta. *Colonia, per P. Martello, s. d. (Napoli,* 1728), in-4, cart.

Bonne édition, donnée par Gaetan Bernestat ou Berenstadt.

382. **Champfleury.** Les peintres de la réalité sous Louis XIII. — Les frères Lenain. *Paris, Renouard,* 1863, in-8, br.

Cet ouvrage, tiré seulement à 100 exempl., est devenu rare.

383. **Chennevières-paintel.** Rech. s. la vie et les ouvrages de quelq. peintres provinciaux de l'anc. France. *Paris,* 1854, in-8, br. (Tom. 3e.)

384. **Chesneau** (E). La peinture française au xixe siècle. (Les chefs d'école, David, Gros, Gericault, Decamps, Meissonier, etc.). *Paris,* 1862, in-12, br. (*Envoi d'auteur.*)

385. **Clément** (Ch.). Michel-Ange, Léonard de Vinci, Raphaël, avec une étude sur l'art en Italie avant le xvie siècle. *Paris,* 1861, in-12, br.

386. **Descamps** (J. B.). La vie des peintres flamands, allemands et hollandais, avec des portraits gravés en taille-douce. *Paris, Jombert*, 1753, 5 vol. in-8, dem.-rel. veau fauve.

> Le 5e volume comprend le voyage de la Flandre et du Brabant.

387. **Dumesnil**. Histoire des plus célèbres amateurs français et étrangers. *Paris, Renouard*, 1853-60, 5 vol. in-8, br.

> Français, 3 vol. — Italiens, 1 vol. — Etrangers, 1 vol.

388. **Felibien**. Entretiens sur les vies et sur les ouvrages des plus excellents peintres anciens et modernes. 2e édit. *Paris, Seb. Mabre-Cramoisy*, 1685, 2 vol. — Recueil historique de la vie et des ouvrages des plus célèbres architectes. *Paris, S. Mabre-Cramoisy*, 1687 1, vol.; ens. 3 vol. in-4, v. gr.

389. **Felibien**. Recueil historique de la vie et des ouvrages des plus célèbres architectes. *Londres*, 1705. — Conférences de l'acad. roy. de peinture et de sculpture. *Londres*, 1705, en 1 vol. in-12, v. fau. *Front. gravé*.

390. **Gabet**. Dictionnaire des artistes de l'école française au xixe siècle, peinture, sculpture, architecture, gravure, etc. *Paris*, 1831, in-8, br.

391. **Gagini**. Elogio storico di Antonio Gagini scultore ed architetto Palermitano, scritto da Agost. Gallo. *Palermo*, 1821, in-4, cart. *Portrait gravé par Bella*.

392. **Gillot** (Claude), et Paul Ponce-Ant. Robert, peintres, notices biographiques par de la Bouche, avec des notes de Millin et Arnauton. *Dole*, 1810, br. in-8.

393. **Huber**. Notices générales des graveurs divisés par nations, et des peintres rangés par écoles, précédées de l'histoire de la gravure et de la peinture dep. l'origine de ces arts jusq. nos jours. *Dresde* et *Leipzig*, 1787, in-8, rel. *Front. gravé*.

394. **Laborde** (le comte de). La renaissance des arts à la cour de France. Études sur le xvie siècle. (Les trois Clouet dits Janet.) *Paris, Potier*, 1850, in-8, br.

> Tiré à petit nombre.

395. **Lépicié**. Vies des premiers peintres du roi, depuis Le Brun, jusqu'à présent. *Paris*, 1752, 2 t. en 1 vol. in-12, veau mar.

396. **Meaume** (E.). Recherches sur la vie et les ouvrages de Claude Dernet, peintre et graveur lorrain. *Nancy*, 1853, in-8, br. *Fac-simile*.

397. **Meaume** (E.). Recherches sur la vie et les ouvrages de

Jacques Callot. *Nancy*, 1853, in-8, br. (1re *part. Biographie*). *Fac-simile* et généalogie.

Tiré à petit nombre sur beau pap. vergé.

398. MÉMOIRES INÉDITS sur la vie et les ouvrages des membres de l'Académie roy. de peinture et de sculpture, publ. d'ap. les mss. conservés à l'école imp. des Beaux-Arts, par Dussieux, E. Soulié, de Chennevières, etc. *Paris*, 1854, 2 vol. in-8, br.

399. MIGNARD (la vie de Pierre), premier peintre du Roy, par l'abbé de Monville, avec le poëme de Molière sur les peintures du Val-de-Grâce. *Paris*, 1730, in-12, dem.-rel.

400. MONTAIGLON (Anat. de). Antoine Caron de Beauvais, peintre du XVIe siècle. *Paris*, 1850, in-8, dem.-rel. veau.

401. MONTAIGLON (A. de). Catalogue raisonné de l'œuvre de Claude Mellan, d'Abbeville, précédé d'une notice sur la vie et les ouvrages de Mellan, par Mariette, in-8, dem.-rel. n. rog. (Tiré à 100 exemplaires.)

402. MORGAN (Lady). Mémoires sur la vie et le siècle de Salvator Rosa, trad. de l'anglais. *Paris*, 1824, 2 vol. in-8, dem.-rel.

403. PAPILLON DE LA FERTÉ. Extrait des différents ouvrages publiés sur la vie des peintres. *Paris*, 1776, 2 vol. in-8, v. mar. *Front. gr.*

404. PEINTRES FRANÇAIS. Caractères des peintres français actuellement vivants, broch. critique publ. vers 1775.

405. PINGERON. Vies des architectes anciens et modernes. *Paris*, 1771, 2 vol. in-12, cart. n. rog.

406. POUSSIN (Notice sur la vie et les tableaux du), par Gence. *Paris*, 1823. — Essai s. la vie et sur les tableaux du Poussin, par Cambry, an VII; 2 br. in-8.

407. QUILLET. Dictionnaire des peintres espagnols. *Paris*, 1816, in-8.

408. RAPHAEL. Histoire de la vie et des ouvrages de Raphaël, par Quatremère de Quincy. *Paris*, 1824, in-8, dem. rel., *portrait*.

409. RAPHAEL. Appendice à l'ouvrage intitulé : Histoire de la vie et des ouvrages de Raphaël par Quatremère de Quincy, accomp. de renseignements sur divers artistes, par le baron Boucher Desnoyers. *Paris*, 1853, in-8, br. *Portrait et fac-simile.*

410. **Taillasson.** Observations sur quelq. grands peintres, avec un précis de leur vie. *Paris*, 1807, in-8.

411. **Valle** (G. Della). Vite dei pittori antichi greci e latini. *In Siena*, 1795, in-4, dem.-rel., *orné de 16 beaux portraits gravés par Mochetti.*

412. **Vasari** (Giorgio). Delle vite de piu eccellenti pittori, scultori et architetti. *Bologna*, 1647, 4 part. en 2 vol. in-4, veau br. (3ᵉ partie.)

    Nombr. portraits gravés en bois dans de jolis cartouches variés.

413. **Vasari** (Giorg.). Vite de piu eccellenti pittori, scultori ed architetti. *Livorno, per Marco Coltellini*, 1767, 7 vol. pet. in-4, veau rac. fil. *nombr. portraits gravés.*

    Bel exemplaire. — Reliure anglaise très-soignée.

414. **Viardot** (L.). Notices sur les principaux peintres de l'Espagne, ouvrage servant de texte aux gravures de la galerie Aguado. *Paris*, 1839, gr. in-8, br.

415. **Vies** des premiers peintres du roi, depuis M. Le Brun, jusqu'à présent. *Paris*, 1752, 2 vol. in-12, v.

416. **Walpole** (Horace). Anecdotes of Painting in England; collected by the late M. Georges Vertue, publ. by H. Walpole (3ᵉ édit.). *London*, 1782, 5 vol. pet. in-8, cart.

Arts divers.

417. **Art du potier.** Les troys libvres de l'art du potier. Esquels se traicte non-seulement de la practique, mais briefvement de tous les secrets de cette chouse, qui iouxte mes huy a esté tousiours tenue celée, du cavalier Cyprian Piccolpassi Durantoys, translatés de l'italien en langue françoise, par maistre Claudius Popelyn, Parisien. *Paris*, 1861, in-4, *orné de 41 planches gravées.*

    Belle publication reproduisant en *fac-simile* toutes les planches de l'édition originale (1560).

    Livre important pour l'histoire de l'art céramique.

418. **Barthez** (P. J.). Nouvelle méchanique de mouvements de l'homme et des animaux. *Carcassonne*, 1798, in-4, dem.-rel.

419. **Benvenuto Cellini.** Traité de l'orfèvrerie, trad. de l'Italien par E. Piot. *Paris*, 1843, in-8, br.

420. **Bergeron.** Manuel du tourneur, 2ᵉ édit. revue et augm. par Hamelin-Bergeron. *Paris*, 1816, 2 vol. in-4, et 1 vol. d'atlas, d.-rel.

421. **Bresson.** Traité élémentaire de mécanique appliquée aux sciences physiques et aux ar's. (*Mécanique des corps solides.*) *Paris, Bachelier*, 1842, 2 vol. in-4, br. dont 1 vol. de *Planches.*

422. **Brongniart (A.).** Traité des arts céramiques ou des poteries, considérées dans leur histoire, leur pratique et leur théorie. *Paris*, 1844, 2 vol. in-8, et *Atlas in-4 obl., de planches*, d.-rel. mar. v. tête dor., n. rog.

   Indépendamment de l'atlas, il y a des *figures* dans chaque vol., intercalées dans le texte. — En tête du premier tome, se trouve une lettre autographe de l'auteur à M. Sauvageot.

423. **Chevreul (E.).** Cercles chromatiques, reproduits au moyen de la chromocalcographie par Digeon. *Paris*, 1855, petit in-fol., br. 10 *pl. en coul.*

424. **Dearn.** Arch. Designs for lodges and entrances to parks, paddocks, and pleasure-grounds, in the gothic, cottage, and fancy styles. *London*, 1823. gr. in-4, cart. 20 *jolies planches gravées.*

425. **Divertissemens** innocens, cont. les règles du jeu des échets, du billard, de la paume, du palle-mail et du tric-trac. *La Haye*, 1696, in-12, v. m. *Front. gravé.*

426. **Fleuret.** L'art de composer des pierres factices aussi dures que le caillou et recherches sur la manière de bâtir des anciens, etc. *Pont-à-Mousson*, 1807, in-4, parch. 32 *planches.*

427. **Gomard.** L'escrime à la baïonnette, ou école du fantassin pour le maniement du fusil comme arme blanche. *Paris*, 1847, in-8, br. 36 *planches.*

   Cet ouvrage n'est pas dans le commerce. *Envoi d'auteur.*

428. **Grisier.** Les armes et le duel, préface anecdotique par A. Dumas. *Paris*, 1847, gr. in-8, br. *Dessins de Beaumont.*

429. **Guevara (S. de).** In Aristotelis mechanicas commentarij. *Romæ*, 1627, in-4, parch.

430. **Jevx académiques (La maison des)**, cont. : vn recueil général de tous les jevx divertissans pour se réjouir et passer le temps agréablement et augm. de la lotterie plaisante. *Paris, E. Loyson*, 1668, in-12, v. *Front. gravé.*

431. **La Lande (de).** Des canaux de navigation, et spécialement du canal de Languedoc. *Paris*, 1778. in-fol. br. en cart. n. rog. 14 *Planches grav. par Ransonnette.*

432. **Lanty et Bétancourt.** Essai sur la composition des machines, 2ᵉ édit. *Paris, Bachelier*, 1819, in-4, d.-rel. 13 pl.

433. LESAGE. Recueil de divers mémoires extraits de la bibliothèque des ponts et chaussées à l'usage des ingénieurs. *Paris*, 1806, in-4, bas. rac. *Planches.*

434. LIBRI (G.). Histoire des sciences mathématiques en Italie, depuis la renaissance des lettres jusqu'à la fin du XVIIe siècle. *Paris, Renouard*, 1838, T. I et II, br.

435. MANUAL DEL INGENIERO. Obra escrita y publicada por D. Nicolas Valdès, teniente coronel de ingenieros, etc. *Paris, J. Dumaine*, 1859, in-8, de 1040 pages et atlas in-4, de 103 *planches gravées.* Tout deux cart. n. rog.

Quelques notes au crayon du profess. T. Richard, sur les marges.

436. PALAMÈDE (le). Revue mensuelle des échecs et autres jeux. 2e série. *Paris,* 1842-45, 5 tom. en 4 vol. in-8, d.-rel. *Portraits et figures.*

Le tom. 5e est en livr.

437. PERRAULT (de l'Acad. franc.). Recueil de plusieurs machines, de nouvelle invention. Ouvrage posthume. *Paris,* 1700, in-4, v. m. *Portrait ajouté et planches.*

438. PERRONET. Projet d'un pont d'une traversée de charpente, de trente-six pieds, ouverte à son sommet, de dix pieds de largeur et sans clef. *Paris,* An IIe. in-4, rel. *Planches.*

439. PONTS ET CHAUSSÉES. Essais sur la construction des routes, des ponts suspendus, des barrages, etc., trad. de l'anglais, par J. Cordier. *Lille,* 1823, 2 vol. in-8, br. *Planches.*

440. POSTELLUS (G.). De universitate liber, in quo astronomiae doctrinaeve cœlestis compendium terrae aptatum.... *Parisiis,* 1563, in-4, d.-rel. d. et c. mar. br.

441. SCHONERUS (J.). Opera mathematica in unum volumen congesta. *Norinbergæ, in off. J. Montani et U. Neuberi,* 1561, 3 part. en 1 vol. in-fol., rel. en bois, recouverte de p. de truie, fermoirs. *Figures en bois.*

442. SCIENCE MILITAIRE. Cont. l'A B C d'un soldat. — L'art de la guerre, et le directeur général des fortifications de Mr de Vauban. *La Haye, Ad. Moetjens,* 1689, 3 vol. en un pet. in-12, bas.

443. VESIN DE ROMANINI. La Cryptographie dévoilée, ou art de traduire ou de déchiffrer toutes les écritures. *Paris,* 1857, in-8, d.-rel. maroq. *Portrait.*

444. ZIEGLER (J.). Etudes céramiques, recherche des principes du beau dans l'architecture, l'art céramique, etc. *Paris,* 1850, in-8, d.-rel, *Figures.*

Équitation.

445. ALBUM DE CHEVAUX. 50 planches env. lithogr. d'ap. V. Adam, Bonnemaison et A. de Valmont, in-4. oblong. d.-rel. maroq.

446. AUBERT (P. A.). Equitation des dames. *Paris,* 1842, in-8, dem.-rel. 20 *planches.*

447. AUBERT. Traité raisonné d'équitation d'après les principes de l'école française. *Paris,* 1836, in-4, et atlas in-fol. de 40 *planches,* d. rel.

448. AURE (le vicomte d'). De l'industrie chevaline en France, et des moyens pratiques d'en assurer la prospérité, 2ᵉ édit. *Paris,* 1843, in-12, br.

449. AURE (le vicomte d'). Traité d'équitation, ouvrage orné de vingt-sept planches et vignettes dessinées par Ledieu. *Paris,* 1834, in-4. dem.-rel. (*les premiers feuill. mouillés d'eau*).

450. BOISDEFFRE. Principes d'équitation et de cavalerie. *Paris,* 1803, in-12, d.-rel.

451. CHABANNES (du Croc de). Cours élémentaire et analytique d'équitation. *Paris,* 1827, in-8, d.-rel. *Planche.*

452. CHUTEAU. Pratique de l'élève des chevaux et de l'entraînement des chevaux de course. *Paris,* 1834, in-8, broch. *Figures.*

453. CLER (A.). La Comédie à cheval, ou Manies et Travers du monde équestre, jockey-club, cavalier, maquignon olympique, etc. *Paris,* 1842, in-12, br. *Figures de Charlet, T. Johannot, etc.*

454. CURNIEU (le baron de). Leçons de science hippique générale, ou traité complet de l'art de connaître, de gouverner et d'élever le cheval. *Paris,* 1855. gr. in 8, br. 107 *figures gravées dans le texte. (Envoi d'auteur.)*
Première partie.

455. DRUMOND DE MELFORT (le comte de). Traité sur la cavalerie.
Atlas de 32 pl. doubles in-fol., rel. en v.

456. DUPATY DE CLAM. La Science et l'Art de l'équitation dé-

montrés d'après la nature, ou théorie et pratique de l'équitation. *Paris, F.-A. Didot*, 1776, in-4, v. fau. *Neuf jolies
planches gravées.*

457. EQUITATION MILITAIRE. Cours d'équitation militaire, à l'u-
sage des corps de troupe à cheval. *Saumur*, 1830, 2 vol. in-8,
br., et atlas in-4 cart.

458. GAYOT. La France chevaline. *Paris*, 1848, in-8, br.
  1re partie: — Institutions hippiques.

458 *bis.* GAYOT (E.). Atlas statistique de la production des
chevaux en France ; documents pour servir à l'histoire naturelle agricole des races chevalines du pays. *Paris*, 1850,
gr. in-fol., d.-rel. mar. rouge.
  Belle publication, qui se compose de 31 grandes planches, dessins sur
  chine, dus au crayon de M. Lalaisse, avec légendes appréciatives ou texte,
  et de 27 cartes soigneusement coloriées.

459. GIRARD. Hippelikiologie, ou connaissance de l'âge du
cheval. *Paris*, 1828, in-8, demi-rel. *Planches.*

460. HIPPIATRIQUE, etc. Traité de la ferrure sans contrainte;
figures. — Le parfait Maréchal-expert; *figures.* — Quelques
observations sur le système de M. Baucher, par Aubert. —
Du faux effet de la bride, par Voisin, et deux autres broch.

461. LA BROUE (Salomon de). La Cavalerie françoise, cont. les
préceptes principaux qu'il faut observer exactement pour
bien dresser les chevaux.... Des justes proportions de tous
les plus beaux airs et manéges, etc., etc. *Paris, Abel Lan-
gelier*, 1602; 3 part. en 1 vol. in-fol., v. m. *Planches.*

462. LANCOSME-BRÉVES (le comte Savary de). De l'Equitation
et des Haras; 2e édit. *Paris*, 1842, in-4, demi-rel., maroq.
vert. *Figures dans le texte, et dessins de E. Giraud, tirés
sur Chine.*

463. MENOU (René de), gentilhomme tourangeau. La Practique
du cavalier. *Lyon, P. Rigaud*, 1619.—Thrésor de tout ce qui
concerne les bestes chevalines, trad. de l'italien. *Lyon, P.
Rigaud*, 1619. — Pratique excellente enseignant remèdes
très-exquis, très-proffitables pour guérir les chevaux...*Lyon,
P. Rigaud*, 1612, en un vol. in-16, parch. *Figures en bois.*
  Recueil curieux et rare.

464. MORRIS. Essai sur l'extérieur du cheval. *Paris*, 1835, in-
4, demi-rel. *Planches.*

465. PRÉSEAU DE DAMPIERRE (de). Traité de l'éducation du
cheval en Europe. *Paris*, 1788, in-8, br. (*Quelques notes marginales.*)

466. Saunier (Gaspard de). L'Art de cavalerie, ou la manière de devenir bon écuyer, tant pour le manége, la guerre, la chasse, la promenade, etc. *Amsterdam, 1756*, in-fol. cart. 27 *planches.*

> Manquent les planches 21 et 23. La pl. 20 a un raccom.

467. Valois. Cours d'hippiatrique, à l'usage de MM. les chevau-légers et la garde du Roi. *Versailles,* 1814, in-12, veau, br. (*Ecusson en or des gardes du corps.*)

468. Xénophon. De l'équitation, trad. par le baron de Curnieu. *Paris,* 1840, in-8, br. (*Envoi d'auteur*).

Musique et Danse.

470. Adam (A.). Souvenirs d'un musicien. *Paris,* 1857. — Derniers souvenirs d'un musicien. *Paris,* 1859, 2 vol. in-12, br.

471. Alembert (d'). Élémens de Musique théorique et pratique, suivant les principes de Rameau. *Lyon,* 1772, in-8, rel. *Planches de musique.*

472. Aubery du Boulley. Grammaire musicale, ou méthode analytique et raisonnée pour apprendre et enseigner la lecture de la musique. *Paris,* 1855, in-8, br. *Musique notée.*

473. Beethoven. Ses critiques et ses glossateurs, par A. Oulibicheff. *Leipzig,* 1857, gr. in-8, br. *Musique notée.*

474. Bemetzrieder. Music made easy to every capacity, in a series of dialogues ; being practical lessons for the harpsichord, laid down in a new method. Translated by Giffard Bernard. *Londres,* 1785, in-4, rel. angl., cuir de Russie. *Musique notée.*

> Publié à Paris (avec une préface) par le célèbre Diderot, protecteur du musicographe français. — Liste des souscripteurs anglais, à la fin de la 2ᵉ partie.

475. Berlioz. Les Soirées de l'orchestre. *Paris,* 1853, in-12, br.

476. Cahusac. La danse ancienne et moderne, ou traité historique de la danse. *La Haye,* 1754, 3 tom. en 1 vol. petit in-12, v. mar.

477. Castil-Blaze. Dictionnaire de musique moderne. *Paris,* 1825, 2 vol. in-8, d.-rel., v. v. *Musique notée.*

478. Castil-Blaze. Chants populaires de la Provence. *Musique.* (Les paroles en français et provençal.) Cahier in-4.

479. CASTIL-BLAZE. Chapelle-musique des Rois de France. *Paris*, 1832, in-12, d.-rel., veau fauve. *Frontisp. gravé et 1 planche sur Chine.*

480. CASTIL-BLAZE. L'art des vers lyriques. *Paris*, 1858, in-8, br.

481. CASTIL-BLAZE. L'Opéra italien de 1548 à 1856. *Paris*, 1856, in-8, br.

482. CASTIL-BLAZE. (Théâtres lyriques de Paris). L'académie impériale de musique, histoire littéraire, musicale, chorégraphique, etc., de 1645 à 1855. *Paris*, 1855, 2 vol. in-8, br.

483. CELLARIUS La danse des salons. *Paris*, 1847, in-8, br. *Dessins de Gavarni.*

484. CONTANT DE LA MOLETTE (Ju). Traité sur la poésie et la musique des Hébreux. *Paris*, 1781, in-12, dem.-rel.

485. DESCARTES. Traité de la méchanique, de plus l'abrégé de musique, avec les eclairc. nécessaires, par M. P. P. D. L. *Paris*, 1668, in-4, veau gr. *Figures dans le texte.*

Edition originale.

486. DICTIONNAIRE lyrique portatif, ou choix des plus jolies ariettes de tous les genres. 2 vol. in-8, veau mar. *Musique notée.*

Ouvrage dans le genre de la clé du caveau.

487. DOMINO MUSICAL, ou l'art du musicien mis en jeu, par M**, avocat. *Paris*, 1779, in-8. br.

Curieux et rare.

488. ELWART (A.). Histoire de la société des concerts du conservatoire impérial de musique, avec dessins, musique, portraits, etc. *Paris*, 1860, in-12, br.

489. ESCUDIER. Dictionnaire de musique théorique et pratique, avec une préface de F. Halévy. *Paris*, 1854, 2 vol. in-12, broché.

490. ÉTRENNES DE POLYMNIE. Recueil de chansons, romances, vaudevilles, etc. *Paris*, 1785-88, 4 vol. in-18, v. f. *Musique notée.*

491. FÉTIS. (F.-J.). Biographie universelle des musiciens et bibliographie générale de la musique. *Paris*, 1835-44, 8 vol. in-8, dem.-rel. veau fau.

Bel exempl. relié par Petit.

492. FÉTIS. Mémoire sur l'harmonie simultanée des sons chez les Grecs et les Romains. *Bruxelles*, 1858, in-4, br. *Planches de musique.*

493. **Fétis**. Rapp. sur la fabrication des instruments de musique, 1856. — Notice biograph. sur Seb. Érard, 1831, 2 br. in-4. — De l'unité dans les chants liturgiques, par Lambillotte, broch. in-fol., avec tabl. des diff. siècles.

494. **Geslin**. Cours analytiques de musique, ou méthode développée du méloplaste. *Paris*, 1825, in-8, br. *Planches*.

495. **Gretry**. Mémoires, ou essais sur la musique. *Paris,* an v, 3 vol. in-8, dem.-rel. v. fau.

496. **Lassabathie**. Histoire du conservatoire impérial de musique et de déclamation. *Paris,* 1860, in-12, br.

497. **Maillot**. La musique au théâtre. *Paris*, 1863, in-12, br. (*Envoi d'auteur.*)

498. **Martine**. De la musique dramatique en France. *Paris*, 1813, in-8, dem.-rel.

499. **Mellinet** (Camille). Histoire de la musique et du théâtre à Nantes, depuis les temps les plus reculés jusqu'à nos jours. *Nantes*, 1837, in-8, dem.-rel. veau bl. *Planche*.

    Peu commun et estimé.

500. **Mercadier de Belesta**. Nouveau système de musique théorique et pratique *Paris*, 1776, in-8, br. *Portrait et planches*.

501. **Monsigny**. La Belle-Arsène, comédie-féerie, en quatre actes, in-4, vélin. (*Paroles et musique.*)

502. **Morel** (A.-J.). Principe acoustique nouveau et universel de la théorie musicale ou musique expliquée. *Paris*, 1816, in-8, br. *Planches*.

503. **Mozart** (W. A.). Dix-neuf sonates pour piano seul, gr. in-4, br.

504. **Mozart**. Nouvelle biographie de Mozart suivie d'un aperçu sur l'histoire générale de la musique, par A. Oilbicheff. *Moscou*, 1843. 3 vol. in-8. br. *Pl. de musique*.

505. **Musique**, 6 vol. ou br. in-12, et in-8.

    Essai sur la musique, par Lahalle, 1825. —Hist. abr. de la musique anc. et mod. par Aubert 1827. — Des Bohémiens et de leur musique en Hongrie, par Fr. Liszt, 1859. — Vie et aventures des cantatrices célèbres, préc. des musiciens de l'Empire et de la vie de Paganini, par Escudier, 1856.

506. **Poisot** (Ch.). Histoire de la musique en France, depuis les temps les plus reculés jusqu'à nos jours. *Paris,* 1860, in-12, br.

507. **Quicherat** (L.). Manuel des tableaux de musique. *Paris*, 1835, in-12, cart.

508. Rameau. Traité de l'harmonie réduite à ses principes naturels, divisé en quatre livres. *Paris, Bellard,* 1722, in-4, veau gr. *Musique notée.*

509. Rossini (Vie de), par de Stendhal. *Paris,* 1854. — Rossini, sa vie et ses œuvres, par les frères Escudier, 1854, 1 vol. Ens. 2 vol. in-12, br.

510. Rousseau (J. J.). Dictionnaire de musique. *Paris, Ve Duchesne,* 1768, in-8, v. m. *Planches.*

511. Roussier (l'abbé). Observations sur différens points d'harmonie. *Genève,* 1755, in-8, br. *Planche.*

512. Roussier (l'abbé). Traité des accords, et de leur succession, selon les système de la basse fondamentale. *Paris,* 1764. — Observ sur diff. points d'harmonie. *Genève,* 1764, en 1 vol. in-8, v mar.

513. Scudo. Critique et littérature musicales, 1re et 2e série. *Paris,* 1856-59, 2 vol. in-12, br.

514. Scudo. La musique ancienne et moderne. *Paris,* 1854, in-12, br.

515. Scudo. L'année musicale. *Paris,* 1860-61-62. 3 vol. in-12, br.

516. Sowinski (A.). Les musiciens polonais et slaves anciens et modernes, dictionnaire biographique des compositeurs, chanteurs, poëtes sacrés et lyriques, etc. *Paris,* 1857, gr. in-8, br. *Musique notée.*

517. Stafford. Histoire de la musique, trad. de l'anglais, par madame Fétis, avec notes et corrections par Fétis. *Paris,* 1832, in-12, br.

518. Villemarest (Max. de). Souvenirs de F. Blangini maître de chapelle du roi de Bavière (1797-1834), etc. *Paris,* 1834, in-8, d.-rel,

519. Vincent, (de l'Institut). Réponse à M. Fétis et réfutation de son mémoire sur cette question; les Grecs et les Romains ont-ils connu l'harmonie simultanée des sons? en ont-ils fait usage dans leur musique? *Lille,* 1859, in-8, br. *Planches.*

BELLES-LETTRES

Linguistique.

520. ALEXANDRE. Dictionnaire grec-français. *Paris*, 1848, gr, in-8, à 2 col. rel. pl. bas.

521. CORMON e V. MANNI. Dizianario portatile e di pronunzia, francese italiano e italiano francese. *Parigi*, 1857, in-8, rel. pl. bas.

522. DICTIONNAIRE de l'Académie française. 6e et dernière édition. *Paris*, 1835, 2 vol. in-4, bas.

523. DICTIONNAIRE. Hist. de la langue française, publié par l'Académie. *Paris, Didot*, 1858, in-4, br. (*tom. 1er.*)

524. DICTIONNAIRE néologique à l'usage des beaux esprits du siècle, avec l'éloge hist. de Pantalon Phœbus. *Amst.*, 1747, in-12, v. m.

525. DU FRESNE (C.). Glossarium ad scriptores mediae et infimæ latinitatis. *Lutetiæ Paris.*, 1678, 3 vol. in-fol. v. gr. *Front. gravé et planches.*

Exemplaire aux armes d'un cardinal.

526. FOURMONT (S.). Linguæ Sinarum mandarinicæ hieroglyphicæ grammatica duplex, latine et cum characteribus Sinensium. *Lutetiæ Parisior.*, 1742, in-fol. vél.

527. GODEFROY (Fr.). Lexique comparé de la langue de Corneille et de la langue du xviie siècle en général. *Paris*, 1862, 2 vol. in-8, br.

528. KIRCHER (A.). Prodromus coptus sive Ægypticus, in quo cum linguæ coptæ, sive Ægypt. quondam Pharaon, origo, ætas, vicissitudo, inclinatio..... exhibentur. *Romæ*, 1636, in-4, vél.

529. LATIN TONGUE (the). A short introd. of grammar generally to be used..... to attain to the knowledge of the latin tongue. *Oxford*, 1709, in-8, m. bl. fil. dent., tr. dor. *Front. gravé. (Rare.)*

Suivi de la : *brevissima institutio, seu ratio grammatices cognoscendæ.*

530. LITTRÉ (E.). Dictionnaire de la langue française. *Paris, Hachette*, 1863, in-4, br., *livraisons* I-VI.

531. PELLETIER (dom L. Le). Dictionnaire de la langue bretonne, où l'on voit son antiquité, son affinité avec les anciennes langues, etc., etc. *Paris*, 1752, in-fol. cart. (*Les 4 premiers feuillets ont été réemmargés.*)

532. PRAT (Sam.). Grammatica latina in usum principis juventutis Britannicæ. *Londini*, 1722, 2 part. en 1 vol. in-8, anc. rel. mar. rou., fil. dent., tr. dor.

533. QUICHERAT (L.). Thesaurus poeticus linguæ latinæ. *Paris*, 1846, gr. in-8, à 2 col. rel.

534. ROSTRENEN (G. de). Dictionnaire françois-celtique, ou françois-breton. *Rennes*, 1732, in-4. v. gr.
  Ouvrage recherché.

535. ROSTRENEN (G. de). Grammaire françoise-celtique, ou françoise-bretonne. *A. Rennes, J. Vater*, 1738, in-8, v. gr.

536. SANREY (A. B.). Paracletus, seu de recta illius nominis pronuntiatione tractatus. *Parisiis, apud J. Le Bouc*, 1643, pet. in-8, parch. (Légère piq. dans la marge du fond.)
  Ouvrage aussi curieux que rare.

537. STREBAEUS (J. Lodoicus), Rhemensis. De electione et oratoria collocatione verborum libri II. *Parisiis, apud M. Vascosanum*, M. D. XXXVIII, in-4, v. gr. (*Peu commun.*)
  Exemplaire aux armes.

538. VIGERUS (F.), Rotomagensis. De præcipus græcæ dictionis idiotismis. *Londini*, 1824, 2 vol. in-8, v. fau. (*Bel ex.*)
  Ouvrage très-estimé.

POÉSIE

Auteurs grecs et latins.

539. AULI-GELLII noctes atticæ. *Amst., apud D. Elzevirium* 1665, in-12, v. porph. *Titre gravé.*

540. BARCLAIUS (J.). Argenis cum clave, hoc est; nom. propr. elucidatione. *Cantabrigiae*, 1673, in-12, v. bl., tr. doré. *Titre gravé.*

541. BATTEUX (l'abbé). Les quatre poétiques d'Aristote, d'Horace, de Vida, de Despréaux, avec les trad. et des remarques. *Paris*, 1771, 2 vol. in-8, dem. rel. *Front. gravé par Saint-Aubin.*

542. CATULLUS, Tibullus et Propertius. Accedunt fragm. C. Gallo. *Lugd. Batav.*, 1743, in-12, tr. dor. ombrée. v. m. *Fig.*

543. D'ebulo (P.). Carmen de motibus siculis et rebus inter Henricum VI romanor. imp., et Tancredum seculo XII. gestis. Nunc primum ..... edidit S. Engel. *Basileae*, 1746, in-4, dem. rel. d. et c. m. br. *Figures gravées au trait.*

544. Homère. L'Iliade et l'Odyssée, avec des remarques, etc., par Bitaubé. *Paris, de l'impr. de Didot l'aîné,* 1787-88, 12 v. in-18, m. rou. fil., tr. dor. *Portrait.*

Bel exemplaire de cette jolie édition (*sur pap. vélin*).

545. Homère. OEuvres, avec des remarques, par P.-J. Bitaubé. *Paris, Tenré,* 1822, 4 vol. in-8, br. *Portrait de Bitaubé.*

546. Horace. OEuvres complètes, trad. en français par Ch. Batteux; éd. augm. d'un comment. par Achaintre. *Paris, Dalibon,* 1823, 3 vol. in-8, m. viol., dent. fil., tr. dor. (*Belle reliure anglaise.*) *Portrait gravé par Devéria.*

547. Juvenalis (D. J.) et Auli Persii Flacci satyrae. *Birminghamiae, typis J. Baskerville,* 1761, gr. in-4, anc. rel. mar. rou., fil., tr. dor.

548. Lotichius secundus (Petr.). Poemata omnia, accedunt ejusdem narratio historica de caede Melchioris Zobelli, epistolarum, etc., ex codice ms. à J.-Petr. Lotichio ad novam edit. adornato recensuit, notis et praefatione instruxit Petr. Burmannus secundus. *Amst.,* 1754, 2 vol. in-4, rel. en cuir de Russie. *Beau portrait gravé par Houbraken.*

549. Lucrèce. T. Lucretii Cari de rerum natura, libri VI. *Londini, J. Tonson,* 1712, in-4, v. gr.

Belle édition, avec variantes, ornée de jolies figures.

550. Lucanus (M. A.). Pharsalia, cum notis Hugo, Grotii et R. Bentleii (edidit R. Cumberland). *Strawberry-Hill,* 1760, in-4, v. fauve.

Édition très-estimée.

551. Martial. M. Valerii Martialis, epigrammatum libri. *Lut. Parisior. J. Barbou,* 1754, 2 vol. petit in-12, dem. rel. *Front. gravé d'après Eisen.*

552. Natalis Comitis mythologiae, sive explicationi tabularum, libri X. *Lugd., P. Londri,* 1602, 2 vol. in-12, dem. rel. (*Fig.*).

Ce livre contient, à la fin du second volume, le Poëme sur la chasse.

553. Ovide. Trad. par Saint-Ange. *Paris, Michaud,* 1823, 7 vol. in-12, dem. rel. veau.

Métamorphoses. — Amours. — Fastes. — Poésies.

554. Pétrone. T. Petroni satyricon, et diversorum poetarum lusus in Priapum, cum selectis variorum commentariis..... Accurante J. Abbes Gabbema. *Trajecti ad Rhenum*, 1654, in-8, v. br. *Titre gravé.*

555. Pétrone. Poëme sur la guerre civile entre César et Pompée, avec deux épîtres d'Ovide, trad. en vers françois (par le président Bouhier), et des conjectures sur le poëme intitulé : *Privilegium veneris. Londres*, 1737, in-4, v. gr.

Texte latin en **regard**.

556. Poetae latini rei venaticae scriptores, et bucolici antiqui, cum notis diversorum auciorum. *Lugd. Batav.*, 1728, in-4, v. mar. *Titre allégorique gravé.*

557. Theocriti Reliquiae graece et latine, ex recensione et cum animadversionibus T. Chr. Harles. *Lipsiae*, 1780, in-8, v. mar., fil. (Rel. anglaise.)

558. Ursinus (F.). Virgilius collatione scriptorum graecorum illustratus, opera et industria Fulvii Ursini. *Antverpiae, ex officina Ch. Plantini*, 1568, in-8, vélin.

Exemplaire de *Grovonius*, ainsi que le constate un ex-dono autogr. de Jacob Pilius, 1637.

559. Virgile (P. M.). Publii Virgilii, Maron. opera, curis et stud. S.-A. Philippe. *Lutetiae–Paris., typis J. Barbou*, 1754, 3 vol. in-12, v. mar., fil. *Figures de Cochin fils.*

Charmante édition.

560. Virgile. P. Virgilii Maronis Bucolica, Georgica et Æneis ex cod. Mediceo-Laurent. descripta ab Ant. Ambrogi, italico versu reddita. *Romae*, 1763-65, 3 vol. in-fol., cart., n. rog. *Figures.*

Avec commentaires en italien.

561. Virgilii (M.). Opera, emendabat et notulis illustr. G. Wakefield. *Londini, typis Bensley*, 1796, 2 vol. petit in-8, mar. rou., tr. dor. (*Belle édition, très-soignée.*)

Poëtes français.

562. Almanachs des Muses. 50 années, rel. et br. de 1766 à 1833.

Quelques interruptions.

563. Baour-Lormian. Légendes, Ballades et Fabliaux. *Paris*, 1829, 2 vol. in-12, dem. rel.

564. Barthélemy. Douze journées de la Révolution. — Napoléon en Egypte, Waterloo et le fils de l'homme. *Paris, Perrotin*, 1835, 2 vol. in-8, dem. rel. **v. v.** *Jolies figures de Raffet et de Tony Johannot.*

565. Barthélemy. Le Zodiaque, satyres. *Paris*, 1846, in-8, dem. rel.

566. Barthélemy. Némésis, 4ᵉ édition. — La Villéiade et autres pièces, 1827, 1 vol. *Paris, Perrotin*, 1835, 2 vol. in-8, dem. rel. v. v. *Figures de Raffet.* Ens. 3 vol.

567. Basselin (Ol.). Vaux-de-Vire d'Olivier Basselin, poëte normand de la fin du xivᵉ siècle; publ. par L. Du Bois. *Caen*, 1821, in-8, br.

568. Boileau. OEuvres de Boileau Despréaux, avec des éclairc. hist. par Brossette, augm. de plusieurs pièces, par de Saint-Marc. *Amst.*, 1775, 5 vol. in-12, veau mar. *Front. et fig.*

569. Boisard. Fables. *S. l. (Paris)*, 1777, 2 vol. in-8, bas. *Jolies figures de Monnet.*

570. Boufflers (OEuvres du chev. de), membre de l'Institut. *Paris*, 1817, 4 vol. in-18, rel. *Portrait.*

571. Charles d'Orléans (le duc). Poésies, publ. par A. Champollion-Figeac. *Paris*, 1842, in-12, br.

572. Coquillart (G.). Les Poésies de Guillaume Coquillart, official de l'église de Reims. *Paris, Cousteller*, 1723, in-12, v. gr.

573. Delavigne (C.). Derniers chants. Poëmes et Ballades sur l'Italie, préc. d'une notice, par Germain Delavigne. *Paris*, 1845, in-8, dem. rel. v. bl. (*Pap. vélin fort*). *Portrait.*

574. Delavigne (C.). Sept Messéniennes nouvelles. *Paris*, 1827, in-8, dem. rel. *Grande planche de musique notée.*

575. Delille (J.). OEuvres. *Paris, Michaud (de l'impr. Didot aîné)*, 1824, 16 vol. in-8, cart., n. rog. *Portrait et figures de Desenne, Gérard, etc.*

576. Dorat (J. Cl.). Poésies. *Genève (Cazin)*, 1777, 4 vol. in-18, v. f., fil., tr. dor. *Portrait.*

577. Fabre d'Olivet. Le Troubadour, poésies occitaniques du xiiiᵉ siècle; traduites par Fabre d'Olivet. *Paris*, 1803, 2 vol. in-8, bas.

578. Gilbert. OEuvres complètes. *Paris*, 1805, 2 vol. in-12, cart., n. rog. *Portrait.*

579. Gresset. OEuvres. *Londres*, 1765, 2 vol. in-12, v.

580. Guy de Bourgogne. — Otinel-Floovant. *Paris, Jannet,* 1856, in-12, cart. (*Biblioth. elzévirienne.*)

581. Imitation (l') de Jésus-Christ, trad. et paraphrasée en vers français, par P. Corneille. *Rouen,* 1659, 2 vol. in-12, v. (*Rel. fatiguée.*)

582. La Fontaine (J. de). Contes et nouvelles en vers. *Paris, les libraires associés,* 1791, 2 vol. in-8, bas. *Figures.*

583. La Fontaine (J. de). Fables choisies, mises en vers par La Fontaine. *Paris,* 5 vol. in-12, v. *Figures.* (*Rel. fatiguée.*)

584. La Fontaine. Fables; nouv. édit., préc. de l'éloge de La Fontaine, par Chamfort. *Paris, Parmantier,* 1825, 2 vol. gr. in-8, dem. rel. veau ant. à nerfs. *Portrait.*

585. Lagrange-Chancel. Recueil de plusieurs poëmes satiriques contre le duc d'Orléans, régent; quelq. personnes de sa cour et sur quelq. événements de la régence; avec les parodies des logements des seigneurs, des vices de la cour et la clef des noms cités; in-fol., veau. (*Reliure anglaise.*)
   Manuscrit très-soigné, du siècle dernier.

586. La Sablière (de). Madrigaux (publ. par Ch. Nodier et N. Delangle). *Paris, Didot l'aîné,* 1825, in-12, dem. rel., v. rose.
   De la Collection des petits classiques français.

587. Legouvé. Le Mérite des femmes, édit. nouv., préc. d'une notice, par Legouvé fils. *Paris,* 1835, in-8, dem. rel. m. viol., tête dor., n. rog.

588. Lepistre du Roy a Hector de Troye, et aucunes œuvres assez dignes de veoir (en vers), par J. Lemaire.... (à la fin): *Imprimé à Paris au mois de juillet, l'an mil cinq centz seze.... pour Geoffroy de Marnef, libraire...* In-4 de 28 ff. (*en gothique*), rel. en vél., *grande figure et 2 marques.*
   Superbe exemplaire.

589. L'Historial du jongleur, chroniques et légendes franç. publ. par F. Langlé et E. Morice. *Paris, impr. de Didot,* 1829, in-8, cart., *impr. en caract. goth., avec initiales en or et en couleur.*

590. Lorquet. Napoléon, poëme en X chants. *Impr. à l'Isle Maurice,* 1838, in-4, br.

591. Malherbe. OEuvres choisies, avec des notes de tous les commentateurs; édit. publ. par L. Parrelle. *Paris, Lefèvre,* 1825, 2 vol. in-8, v. f. *Portrait.*

592. Malherbe. Poésies, suiv. d'un choix de ses lettres, avec

un Essai sur sa vie et ses ouvrages, par L. Thiessé. *Paris*, 1832, in-8, br.

593. Monier de la Sizeranne. Marie-Antoinette, poëme historique. *Paris*, 1859, in-8, br. *Portrait*.

594. Palissot. La Dunciade, poëme (par Palissot). *Londres*, 1773, 2 vol. in-8, v. m.

595. Parnasse (le) des plus excellents poëtes de ce temps (par d'Espinelle). *Paris, chez M. Guillemot*, 1607, in-12, v. fau., fers à froid. *Titre gravé*.

596. Parny. OEuvres complètes. *Paris*, 1831, 4 t. en 2 vol., in-12, dem. rel. *Portrait*.

597. Poésies de Mlle Elisa Mercœur (de Nantes). *Paris, Crapelet*, 1829, in-12, v. ant., tr. dor. — Amours françaises, par Soulié de Lavelanet. *Paris*, 1824, in-12, cart. Ens., 2 v.

598. Poésies. 4 vol. in-12 et in-16, rel. et br.
   La Pucelle d'Orléans. *Londres, s. d.*, in-32. *Fig.* — La Henriade, par Voltaire. *Amst.*, 1783. *Fig.* (*Aux Armes.*) — Idylles et romances, 1796. — Les Jardins, 1782. (*Cazin.*)

599. Polignac (le card. de). L'Anti-Lucrèce, poëme sur la religion naturelle. *Paris*, 1750, 2 vol. in-12, v.

600. Psaumes (les) de David, mis en françois. *Amst.*, 1729, in-12, v. gr. (*Musique notée.*)

60'. Racan. OEuvres complètes; nouv. édit., revue et annotée par Tenant de Latour. *Paris, Jannet*, 1857, 2 vol. in-12, cart., toile, n. rog.

602. Raimbert, de Paris. La Chevalerie; Ogier de Danemarche. poëme du XIIe siècle, publié pour la première fois d'après le ms. de Marmoutiers et le ms. de la Bibliothèque du roi. *Paris, Techener*, 1842, in-4, v. mar., n. rog., orné de deux fac-simile du manuscrit sur peau de vélin, *vignette en or et en couleur*.
   Tiré à 99 exemp'aires numérotés.

603. Regnier. Les Satyres et autres œuvres, augm. de diverses pièces cy-devant non imprimées. *Paris, G. de Luyne*, 1661, in-12, v. gr.
   Le coin du feuillet 67-68 se trouve déchiré.

604. Ronsard (P. de). Les Hymnes de P. de Ronsard, gentilhomme vendômois. *Paris, G. Buon*, 1587, in-12, vel. (*Mouill.*)

605. Rousseau (J.-B.). OEuvres poétiques, avec un comment.

par Amar. *Paris, Lefèvre, 1824,* 2 vol. gr. in-8, cavalier vélin, dem. rel., v. ant. à nerfs. *Portrait.*
De la Coll. des classiques françois.

606. SARRAZIN (A. de). OEuvres. *Paris,* 1841, in-12, dem. rel.,
d. et c. v. ant.

607. TASTU (Mme A.). Poésies nouvelles. *Paris,* 1835, in-12,
dem. rel. v. r. *Vignettes.*

608. VILLON (Fr.). OEuvres corrigées et complétées d'après
plus. mss. qui n'étoient pas connus, par J. H. R. Prompsault.
Paris, 1832, in-8, dem. rel.

609. VOLTAIRE. La Henriade. *Londres,* 1728, in-4, v. rac.
Avec figures à chaque chant. — La même édition, sans
figures, avec la dédicace à la reine, en anglais. Ensemble,
2 vol.

610. VOYAGE de Chapelle et Bachaumont, suivi de quelques
autres voyages dans le même genre. *Genève, Cazin,* 1777,
in-18, mar. rouge, fil., tr. dor. *Frontisp. gravé de Marillier.*

---

611. QUEVEDO VILLEGAS (don Fr. de). Poesias. *En Brusselas,
F. Foppens,* 1661, in-4, dem.-rel. v. fau. (*Bel exemplaire.*)

612. ARIOSTE (L.). Orlando furioso. *Birmingham, Baskerville,*
1773, 4 vol. gr. in-8, v. gr.
Edition précieuse, ornée du portrait de l'auteur et de 46 *jolies figures
exécutées par les fameux artistes : Cipriani, Moreau le jeune, Cochin,
Eisen,* etc., etc.

613. CAMOENS (L. de). Os Lusiadas, poema epico, nova ed.
correcta.... por D. J. M. de Souza-Botelho. *Paris, typ. F.
Didot,* 1819, in-8, v. rac. fil. *Portrait.* (*Belle reliure anglaise*).

614. ZIPOLI (Perlone). Il malmantile racquistato, colle note di
Puccio Lamoni. *Venezia,* 1748, 2 vol. in-4, vel. (*Édition
estimée.*)

THÉATRE

**Histoire du Théâtre, Lettres, Entretiens, Dissertations.
Critique, etc.**

615. ALLETZ. Les leçons de Thalie, ou les Tableaux ridicules
que la comédie présente. *Paris,* 1751, 2 vol. in-12, veau
mar.

616. ALMANACH des coulisses, annuaire des théâtres, pour

1843. Bruits de foyers, méchancetés comiques et pittores-
ques, chronique édifiante, écho des coulisses, nécrologie,
calembours dramatiques, bons mots, biographies d'acteurs
et d'actrices, pet. in-12, cart.

617. ANNUAIRE dramatique de Belgique, pour les années 1839-
1844, 5 vol. petit in-12, br.

618. ARLEQUIN, comédien aux Champs-Élysées, nouvelle histoire allégorique et comique. *Paris*, 1694, pet. in-12, veau,
br. *Figures et musique.*

619. AUBIGNAC (l'abbé d'). La pratique du théâtre. *Amsterdam*,
1715, 2 vol. in-12, veau, br., *Frontispice grav. de B. Picard.*
Ex. Viollet le Duc.

620. BEAUCHAMPS. Recherches sur les théâtres de France, depuis l'année 1161 jusqu'à présent. *Paris, Prault*, 1735,
3 vol. in-8, veau mar.

621. BESSON (J.), Dauphinois. Theatrum instrumentorum et
machinarum Jac. Bessoni Delphinatis, mathematici ingenios-
sissimi. Cum Fr. Beroaldi figurarum declaratione demons-
trativa. *Lugd., Barth. Vincent,* 1582, in-fol., rel., *planches.*
(*Rare*).

622. BRAZIER. Histoire des petits théâtres de Paris, depuis leur
origine, nouv. édit. *Paris*, 1838, 2 vol. petit in-12, br.

623. CARMOUCHE. Le théâtre en province. *Paris*, 1859, in-12,
broché.

624. CLAIRON. Mémoires d'Hipp. et réflexions sur la déclamation théâtrale. *Paris*, an VII, in-8, cart. n. rog. *Portrait.*

625. CLÉMENT. De la tragédie pour servir de suite aux lettres
de Voltaire. *Amsterdam*, 1784, 2 parties en 1 vol. in-8,
veau fau.
Bel exemplaire.

626. CLÉMENT et l'abbé DE LA PORTE. Anecdotes dramatiques.
Paris, 1765, 3 vol. in-8, veau mar.

627. COURTOIS et VALLERAN. L'opinion du parterre, ou Revue
des théâtres. *Paris*, 1804-1812, 9 vol. pet. in-12, dem.-rel.
Manque le tome 2e.

628. DESPRÉS DE BOISSY. Lettres de M. Després de B.* sur les
spectacles, 4e édit., revue et augmentée. *Paris*, 1771, 2 part.
en 1 vol. in-12, v. mar. fil.

629. DU CASSE. Histoire anecdotique de l'ancien théâtre en
France. *Paris*, 1862, in-8, br. (*Tom.1er*).

630. **Dumesnil** (Mémoire de Marie-Françoise), en réponse aux Mémoires d'Hippolyte Clairon. *Paris*, an vii, in-8, cart. n. rog. *Portrait.*

631. **Entretien** sur le théâtre, au sujet de Judith, tragédie. *Paris*, 1695, in-12, vélin.

632. **Etienne et A. Martinville.** Histoire du théâtre français depuis le commencement de la révolution jusqu'à la réunion générale. *Paris*, 1802, 4 tom. en 2 vol. in-12, veau mar. *Portraits.*

633. **Etrennes** de Thalie aux amateurs de spectacles, ou Choix d'anecdotes et bons mots des théâtres. *Bruxelles*, 1787, pet. in-12, maroq. rou., tr. dor., dent. *Rare.*

634. **Ficoroni** (F. de). Dissertatio de larvis scenicis et figuris comicis antiq. Romanorum, ex italica in latinam linguam versa. *Romæ*, 1754, in-4, v. mar.

Ouvrage curieux de ce célèbre antiquaire, avec de nombreuses planches de masques variés.

635. **Fleury.** De la comédie française (Mémoires de), publ. par Laffite. *Paris*, 1847, 2 vol. in-12, br.

636. **Geoffroy.** Manuel dramatique à l'usage des auteurs et des acteurs. *Paris*, 1822, petit in-12, dem.-rel.

637. **Goldoni** (Mémoires de), pour servir à l'histoire de sa vie et à celle de son théâtre. *Paris*, 1787, 3 vol. in-8, dem.-rel. *Portrait.*

638. **Goncourt** (E. et J. de). Mystères des théâtres, 1852. *Paris*, 1853, in-8, br.

639. **Hédelin** d'**Aubignac** (l'abbé). Dissertation sur la condamnation des théâtres. *Paris*, 1666, petit in-12, vélin.

640. **Histoire** du théâtre de l'opéra en France. *Paris, Barbou,* 1753, 2 part. en 1 vol. in-8, dem.-rel. maroq.

641. **Joly** (le P. Romain). Lettres hist. et critiques sur les spectacles, adressées à mademoiselle Clairon. *Avignon*, 1762, in-12, br. n. coupé.

642. **Journal des spectacles** du n° 1 (1er juillet 1793) au n° 194 (23 janv. 1794). — Journal des théâtres et des fêtes nationales, rédigé par Duchosal du n° 1 (1er fructidor), au n° 95 (30 brumaire an 3), — en 3 vol. in-8, dem.-rel.

Très-curieux pour l'histoire du théâtre pendant la Révolution.

643. **Laugier** (E.). Documents hist. sur la Comédie française pendant le règne de Napoléon 1er. *Paris*, 1853, gr. in-8. br.

644. LELION-DAMIENS. Le bréviaire des comédiens. *Paris,* 1858, in-12, br.

645. MAGNIN (Ch.). Les origines du théâtre moderne, ou Hist. du génie dramatique depuis le 1er jusqu'au xvie siècle, précédée d'une introduction cont. des études sur les origines du théâtre antique. *Paris,* 1838, in-8.

Tome 1er, seul publié.

646. MAURICE (Ch.). Histoire anecdotique du théâtre de la littérature et de diverses impressions contemporaines. *Paris, Plon,* 1856, 2 vol. in-8, br. *Nombr. autographes.*

647. MILIZIA. Trattato completo, formale e materiale del teatro di F. Milizia. *Venezia,* 1794, in-4, dem.-rel. *Planches.*

648. MOLIÈRE et sa troupe, par H. A. Soleirol. *Paris,* 1858, gr. in-8, br. *Portraits.*

649. MOLIÈRE, 11 vol. ou broch.

Molière par E. Noël.— L'ombre de Molière, com. par Barbier.— Molière, dr. par G. Sand.— Le Philiate de Molière ou la suite du Misanthrope, com. par Fabre d'Eglantine. — Molière à Lyon par Fl. Levol. — Poquelin à la Censure. — Eloge de Molière par Chamfort. — Notice sur le monument de Molière, avec pièces justificatives. — Histoire du monument de Molière, par Aimé-Martin. — Découverte d'un autographe de Molière. — Molière à Chambord, par A. Desportes.

650. MORICE (E.). Essai sur la mise en scène depuis les Mystères jusqu'au Cid. *Paris,* 1836, in-12, br.

651. REMOND DE SAINTE-ALBINE. Le Comédien. *Paris,* 1747, 2 part. en 1 vol. in-8, v. mar.

Ouvrage intéressant sur l'art du comédien.

652. RICCOBONI. Observations sur la comédie et sur le génie de Molière. *Paris,* 1837, in-12, v. mar.

653. SPECTACLES DE PARIS (les), ou Calendrier hist. et chronol. des théâtres, 1785. *Paris,* pet. in-16, dem.-rel. v. fau.

654. THÉATRE, 6 vol. in-12, et gr. in-18, br.

L'Esprit au Théâtre, par E. Colombey. — De la Comédie française depuis 1830, par Laugier. — Etudes s. Louis XI, par Gaudefroy, 1860. — Curiosités théâtrales, par V. Fournel. — Etudes s. trois tragédies de Sénèque, par Vidal, 1854. — La foire aux artistes, par Aur. Scholl, 1858.

655. THÉATRE, 5 vol. in-12, et gr. in-18, br.

Soixante ans du théâtre français, par un amateur né en 1769. *Paris,* 1842. — Indiscrétions et confidences. Souv. du théâtre par Audibert 1858. — De la Comédie française dep. 1830, par E. Laugier, 1844. — Les petits mémoires de l'opéra par de Boigne, 1857. — De l'influence du théâtre sur la classe ouvrière, par Ed. Thierry, 1862.—Code-Manuel des artistes dramatiques, etc., par Agnel, 1851.

656. THÉATRO (del), in *Venezia, presso Giamb. Pasquali,* 1773, in-4, Parch. *Plan gravé.*

657. Tuffet (Salvador). Les mystères des théâtres de Paris. Observations! Indiscrétions!! Révélations!!! *Paris, 1844,* in-12, br. *Figures.*

658. Vivien et Ed. Blanc. Traité de la législation des théâtres, ou exposé complet des lois et de la jurisprudence relat. aux théâtres et spectacles publics. *Paris,* 1830, in-8, dem.-rel.

659. Widal (A.). Des divers caractères du Misanthrope, chez les écrivains anciens et modernes. *Paris,* 1851, in-8. *Envoi d'auteur.*

---

660. Commentaires sur le théâtre de P. Corneille. *S. L.* 1764, 2 vol. in-12, v. mar.

661. Dorat. La déclamation théâtrale, poëme didactique en quatre chants, 4ᵉ édit. *Paris,* 1771. *Jolies figures d'Eisen.* — — Les baisers préc. du mois de mai, 1771. — Suppl. à l'édit. des baisers, en 1 vol. in-8, v. m.

662. Gallois (L.). Le citateur dramatique, 5ᵉ édit. *Paris,* 1829, pet. in-12, br.

663. Giraud. Composition, mise en scène et représentation du Mystère des Trois Doms, joué à Romans, les 27, 28 et 29 mai aux fêtes de la Pentecôte de l'an 1509, d'ap. un man. du temps, publ. et annoté par M. Giraud anc. député. *Lyon, L. Perrin,* 1848, pet. in-4, br. *Armoiries.*

664. Imitation théâtrale (de l'). A propos du romantisme, (poétique du théâtre). *Paris,* 1858, in-12, br.

665. La Harpe. Discours sur la liberté du théâtre prononcé le 17 déc. 1790, à la soc. des amis de la Constitution, br. in-8, (*avec le cachet de la société*).

666. Monmerqué et F. Michel. Théâtre français au moyen âge. *Paris,* 1839, gr. in-8, dem.-rel. v. vert.

667. Théatre-Français. Les débutants au théâtre français, pièce de vers dédiée à mademoiselle Duchesnois, élève du C. Legouvé, par L. M. C. *Paris,* 1803, br. in-8.

Tragédies et Drames.

668. Alfieri (V.). Tragédie. *Firenze,* 1825, 8 vol. in-12, dem.-rel. *Portrait et figures.*

669. Arnaud (d'). Euphémie ou le triomphe de la religion, drame. *Paris,* 1768, in-8, br. *Figure grav. p. Saint-Aubin.*

670. BARBIER. Les tragédies et autres poésies de Mlle Barbier. Nouv. édit. *Leide*, 1719, in-12, veau br.

671. CHÉNIER (M. J.). Tragédies; 6 pièces in-8, n. rel. 1790-1793.

> Fénelon, ou les religieuses de Cambrai.—Charles IX, ou l'école des Rois. —Jean de Calais.—Timoléon,—Caius Gracchus. — Henri VIII.

672. COMUS. Masque de Milton, drame représ. au château de Ludlow, en 1634, devant lord Egerton; trad. littérale (texte italien en regard). *Paris, de l'impr. de Crapelet*, 1806, in-4 cart.

> Tiré à petit nombre, sur beau pap. de Holl.— *Rare.*— La traduction a été revue par lord Egerton.

673. DORAT. Régulus, trag. en 3 actes et en vers, préc. d'une lettre au Solitaire du Guélaguet. *Paris*, 1766, in-8, v. fauve. *Figures de Eisen.*

> Suivi de Jeuneval, ou le Barnavelt François, drame en 5 actes, de Mercier, 1769.

674. DRAMES, 29 pièces in-8 (1763-1809).

675. EURIPIDIS supplices mulieres (græcè), cum notis J. Marklandi integris et aliorum selectis, etc. *Oxonii*, 1811, 3 tom. en 2 vol. in-8, v. fauve. (*Belle reliure anglaise, aux armes.*)

676. GRANDVAL. Les deux Biscuits, tragédie trad. de la langue que l'on parlait jadis au royaume d'Astracan, et mise depuis peu en vers français, par Grandval. *Se vend à Astracan.* (*Paris.*) 1752, in-8, br.

> Avec une gravure représentant la scène, au bas de laquelle on lit : *La Courte, tragédie...*, plus une vignette qui expose le tyran, dans une cage de fer autour de laquelle se fait une marche comique et chantante.
>
> Brochure récréative, où l'auteur ne dément pas sa verve spirituellement piquante et gaie.
>
> Première édition. *Très-rare.*

677. JOHANNEAU (Eloi). Antigone, trag. de Sophocle, en 5 actes, avec des *chœurs lyriques*, trad. en vers français. *Paris*, 1844, in-8, br.

> Exempl. Viollet-le-Duc, avec corrections autogr. et renvois du traducteur.

678. KLOPSTOCK. La mort d'Adam, tragédie trad. de l'allemand de M. Klopstock, avec des réflexions préliminaires sur cette pièce. *Paris*, 1762, in-12, br. *Orné de figures gravées.*

679. LA FOSSE (Les œuvres de M. de). *Paris, Ribou*, 1719, in-12, v. br.

680. MAGNON (de). Zénobie, reyne de Palmyre, tragédie. *Paris*, 1660, pet. in-12, d.-rel., v. fauve, tr. dor.

681. NAQUET (Gust.). Ugolin, drame en cinq actes et en vers. *Cambrai*, 1833, gr. in-8, d.-rel., n. rog.

> Cet exempl. est tiré sur papier vélin rose.

682. NOGARET (Félix). Le Réveil d'Adam, hiérodrame en trois actes. *Paris*, 1804, in-8, br. *Envoi d'auteur.*

683. RÉCRÉATIONS (mes), ou Mélange de pièces fugitives, suivies de Virginie, ou le décemvirat, tragédie. *La Haye*, 1777, in-8, v. mar.

684. SOPHOCLIS tragœdiæ (græcè). Ad optimor. libror. fidem accurate editæ, *Lipsiæ, Ex officina, C. Tauchnitii. S. d.*, pet. in-8, v. fauve, tr. dor. *Portrait.* (*Aux armes.*)

> Exemplaire sur papier vélin fort, rel. par Makenzie.

685. THÉATRE ANGLOIS (le), ou choix de plusieurs tragédies angloises, traduites par de La Place. *Londres*, 1746, 8 vol. — Lettre sur le théâtre anglois, avec une trad. de l'Avare et de la Femme de campagne; 1752. 2 vol. Ens., 10 vol. in-12, veau mar. *Portrait.*

686. TRAGÉDIES del conte Aless. Pepoli. *Parma*, 1783, gr. in-8, veau rac. (*Sur pap. de Holl.*)

> Eduigi. — Cleonice. — Irène. — Don Rodrigo.

687. TRAGÉDIES. Recueil de 5 pièces en 1 vol. in-8, cart. à la Bradel.

> Mustapha et Zeangir, par Belin, 1777. — Soliman II, surnommé le Magnifique, empereur des Turcs, par le comte de Vaublanc.—Pausanias, par C. J. Trouvé, *Carcassonne*, 1810.—Annibal, par F. Didot, 1820. —Ninus II, par Brifaut, 1815.
>
> La tragédie de *Soliman* EST RARE ; cet exempl. est tiré sur papier fort et couvert de corrections autogr. de l'auteur.

688. TRAGÉDIES. Recueil en 1 vol. in-12, v. fauve, fil. (*Aux armes.*)

> *Trissino :* La Sophonisba ; li Retratti ; Epistola, etc.
> *L. Dolce :* Thyeste, tratta da Seneca, 1543 ; la Hecuba, tratta da Euripide, 1543.
> *G. Parabosco :* La Progne, 1548.

689. TRAGÉDIES (Recueil de). 12 pièces en 4 vol. in-8, rel. et cart.

> La mort de Louis XVI, 1793. *Portrait.* — La mort de Marie Antoinette d'Autriche, 1814. — Elisabeth de France, sœur de Louis XVI, 1814. — Lothaire, par H. Bis et F. Hay, 1817. —Les Arsacides, par Peyrand de Beaussol, 1775.—La mort d'Abel, par C. Le Gouvé, 1800. —Léonidas, par Pichat, de l'Isère, 1825. *Fig.* — Les Machabées, ou le Martyre, par Alex. Guiraud, 1822. *Fig.* —Sylla, par E. Jouy, 1822. —Marie Stuart, par P. Lebrun, 1820. —Louis IX, par Ancelot, 1819.—Les Vêpres siciliennes, par C. Delavigne, 1819.

690. TRAGÉDIES, 74 pièces publiées, de 1742 à 1818.

691. Tragédies. 7 pièces in-8, br.

Les Enfants d'Edouard, Louis XI, Spartacus, la Reine de Portugal, Antigone, Conjuration d'Amboise.

---

692. Corneille (Th.). Poëmes dramatiques. *Rouen*, 1665, 2 vol. in-8. v. br. *Titres grav. et figures.*

693. Greeves (Eliacin). Poëmes dramatiques. *Paris*, 1859, in-18, jésus, br. (*Sur papier vélin fort.*)

694. Pouchkine (Alex.). Poëmes dramatiques, trad. par Tourguenieff et Viardot, 1862. — Mémoires artistiques de Mlle Pean de La Roche-Jagu ; 1861. Ensemble 2 vol. grand in-18, br.

Opéras et Opéras-comiques.

695. Opéras-comiques, 11 pièces in-8, br.

La Bonne Fille, 1771. — Le Baiser donné et le Baiser rendu, par Taconet. 1771.—Nicaise, par Vadé et A. Gouffé, 1796.—La Chasse aux Loups, an v.— Le Villageois qui cherche son veau, an v.— Les Comédiens ambulants, par Picard, an vii.— Koulouf, 1807. — Le Petit Orphée, 1792. — Le Trompeur trompé, an viii.—La Journée aux aventures, 1816.—L'Opéra-Comique, par Ségur et Dupaty, 1814.

696. Opéras-comiques, en 1 vol. in-8, veau mar. *Musique notée.*

La Bonne Femme, ou le Phénix, parodie d'Alceste, 1775. — Les Amusements de la société, 1774.—Lucile, 1769. — Le Déserteur de Sedaine, 1769. — Le Tableau Parlant, 1769.—La Meunière de Gentilly, 1768. — Le Guy de Chesne, 1763. — Sylvain, 1770.—L'Amant statue, 1759. — Nina et Lindor, 1758.

697. Opéras-comiques (1761-1766), en 1 vol. in-8, v. m. *Musique notée.*

Le Jardinier et son Seigneur. *Fig.*—Georget et Georgette.—Le Maréchal-ferrant.—Le Roi et le Fermier. — Annette et Lubin. — Rose et Colas. — Isabelle et Gertrude.—La Fée Urgèle.—La Feste du Château.

698. Opéras-comiques (1780-81), en 2 vol. in-8, rel. et cart.

Cassandre oculiste. —Aristote amoureux. — Les Vendangeurs. —L'Opéra de province.—L'Amant statue.— Les Etrennes de Mercure. — La Matinée et la Veillée villageoises.—Les deux Morts. —Le Printemps.—Richard.—Les Amours d'été, etc.

699. Opéras, en 1 vol. in-4, d.-rel. 5 pièces.

La Vestale.—Tamerlan.—Anacréon,— Saül.—Olympie.

700. Pièces diverses. Blaise le savetier, opéra-com. mêlé d'ariettes, par M. S...., la musique de M. Philidor. *Liége, Desoër.* — Toinon et Toinette, comédie mêlée d'ariettes, avec musique. *Paris*, 1767. — La Servante maîtresse, comédie, avec la musique. *Liége, Desoër.* Ensemble 3 vol. in-8, v. m.

701. VADÉ (Œuvres de), ou Recueil des opéras-comiques, avec les airs, rondes et vaudevilles notés, etc. *La Haye*, 1757, 4 vol. in-12, veau mar.

Comédies.

702. ARLEQUIN. 14 pièces en 2 vol. in-8, de 1788 à 1820.

Arlequin jaloux, comédie. — Arlequin journaliste. — Arlequin tout seul (une figure gravée). — Arlequin décorateur. — Cassandre astrologue. — Déménagement d'Arlequin marchand de tableaux. — La Dupe et la Ruse. — Faut-il se marier ? — L'épousera-t-il ? — Prologue d'Arlequin cendrillon. — Marton et Frontin. — La Naissance d'Arlequin. — Arlequin musard. — Gilles tout seul.

703. AUGIER (E.). Comédies. 8 vol. in-12, br.

Diane. — Le Gendre de M. Poirier. — La Pierre de touche. — Le Mariage d'Olympe. — La Jeunesse. — Les Lionnes pauvres. — L'Aventurière. — Les Effrontés.

704. BARRIÈRE, CAPENDU et DUMANOIR. Comédies. 9 vol. in-12, brochés.

L'Héritage de M. Plumet. — Les faux bonshommes. — Les Femmes terribles. — Cendrillon. — Le Gentilhomme pauvre, etc., etc.

705. BOISSY. Les deux nièces, comédie, représ. pour la 1re fois le 17 janvier 1737. *Paris*, 1737, pet. in-8, dem.-rel., v. fau.

706. BOURSAULT. Les Fables d'Esope, comédie. *Paris*, 1690, in-12, v. gran., joli front. gravé. (*Bel exempl.*)

707. COLLÉ. La Partie de chasse de Henri IV, comédie en trois actes. *Paris*, 1775, in-8, dem.-rel.

708. COMÉDIES, etc., du XVIIIe siècle (30 pièces environ).

Manuscrites (en catalan).

709. COMÉDIES (recueil de) en 5 vol. in-12, rel. pleine en veau de Padeloup, tr. dor. En bon état. (*La plupart en éditions originales, de 1694 à 1763.*)

Par Destouches, Dancourt, Crébillon, de La Motte, Fagan, Piron, Montfleury, Legrand, Palaprat, Boursault, de La Chaussée, Poisson, etc.

710. COMÉDIES en prose et en vers. 244 pièces, publ. de 1770 à 1837, in-8, br.

Parmi les auteurs de ces pièces, nous citerons les suivants : Artaud, Aubin, Barré, Baron, marquis de Bièvre, de Beaunoir, Beaugin, Boivin, C. Bonjour, Bouel, Bosquier-Gavaudan, Bouilly, Collalto, Cubières, Dalayrat, Dalainval, Dalban, de Jaure, de Jouy, Dejouy, Desmoustiers, Depuntis, Desaugiers, Desfontaines, Desforges, Dieulafoy, Dorat, Dorvigny, Dorvo, Dubois, G. Duclos, Dumaniant, Dupaty, A. Duval, G. Duval, Fabre d'Eglantine, Favart, Forgeot, A. Gouffé, Grétry, Guillemain, Guyot de Merville, Hapdé, Henrion, Lantier, Laujon, Laya, Legros, Martainville, Mazerot, Mercier, Merle, de Moissy, Montanclos, Monvel, Lombard (de Langres), Pain, Palmezeaux, Patrat, Pieyre, Pigault-Lebrun, Pougeoulx, Radet, Riboutté, Rigaud, Saint-Cir, Saint-Brice, Saint-Martin, Scribe, Ségur, Sewrin, Théaulon, Tissot, Verneuil, Vigié, Villeneuve, Villeterque, Victor, etc., etc. — PIÈCES ANONYMES, etc.

711. COMÉDIES. 4 pièces en 1 vol. in-12, v. m.

La Mère coquette, de Quinault. 1769. — L'Andrienne, de Collé. 1769. — Le Menteur. — L'Esprit follet, par le même. 1770.

712. COMÉDIES (recueil de). 7 pièces en 1 vol. in-12, cart. à la Bradel, non coupé.

La Gageure, par du P. (Procope). 1752. — L'Héritier généreux, par Disson. 1753. — Le Fils supposé. 1750 — L'Ecole des pères, par Baron. — Le Deuil, par Hauteroche. — Varon, trag., par Degraves. 1752. — La Dragone, ou Merlin dragon, par Desmarres.

713. COMÉDIES (recueil de) en 1 vol. in-8, v. mar. (7 pièces).

La Théâtromanie, par de La Montagne. 1783. — Le Vieux garçon. 1782. — Le Séducteur, par de Bièvre. 1783. — L'Anglais à Paris. 1783. — Les Aveux difficiles, par Vigié. 1783. — Les Jumeaux de Bergame. 1782. — Crispin rival de son maître, par Le Sage. 1774.

714. COMÉDIES, etc. En 1 vol. in-8, bas. (8 pièces).

Le chevalier français à Turin, par Dorat. 1779. — La Vie est un songe, par de Boissy. 1777. — L'Amant loup-garou, ou M. Rodomont, par M. Collot d'Herbois. 1778. — Les Dehors trompeurs, ou l'homme du jour, par de Boissy. 1777. — Le Bourru bienfaisant, par Goldoni. 1778. — Cartouche, ou les Voleurs, par Le Grand. 1779. — L'Honnête criminel, drame, par Fenouillot de Falbaire. 1777. — Le Valet maître, par de Moissy. 1769.

715. COMÉDIES (43) du théâtre moderne, de format grand in-18 jésus, br.

De Belloy, Belot, Malefille, Achard, Gozlan, Béchard, Balzac, C. Doucet, Fournier, J. Lecomte, Serret, H. Monnier, J. Sandeau, L. Laya, O. Feuillet, About, Mario Uchard, Labiche, Ponsard, Musset, G. Sand, Barrière, Dumas, etc.

716. DÉMOCRATE DÉSABUSÉ (le), ou la France en 1792, comédie en 5 actes et en vers. *Dublin,* 1799, in-8, mar. rou., tr. dor. (*Pap. vélin fort.*)

717. DORVIGNY. 18 pièces, comédies et proverbes. In-8, br. et n. rel. (1780-1802.)

L'Avocat chansonnier. — Roger-Bontemps et Javote. — Christophe le Rond. — Chacun son métier, les champs sont bien gardés. — Les Battus payent l'amende, etc., etc.

718. DUMAS (A.) fils. Comédies. 5 vol. in-12, br.

Diane de Lys. — Le Demi-Monde. — La Question d'argent. — Le Fils naturel. — Un Père prodigue.

719. GILLET DE LA TESSONERIE. Le Déniaisé, comédie. *Paris,* 1648, in-4, parch.

720. LEFEBVRE (Amédée). La Corruption, comédie. *Paris,* 1849. — Un Double ménage, comédie. 1857, 1 vol. Ensem. 2 vol. in-8, br.

721. MARTINVILLE (le C^{en}. A.). Vaudevilles. 5 pièces. In-8, br. (1795-1801.)

Canardin, ou les Amours du quai de la Volaille. — Noé, ou le Monde repeuplé. — Pataquès, ou le Barbouilleur d'enseignes. — Les Suspects et les Fédéralistes. — Les Assemblées primaires, ou les Elections.

722. Monnier (H.). Scènes populaires dessinées à la plume. *Paris*, 1835, 2 vol. in-8, dem.-rel. v. ant. *Figures.*

723. Monnier (H.). Nouvelles Scènes populaires dessinées à la plume. *Paris*, 1839, 2 vol. in-8, dem.-rel. v. fau. *Figures.*

724. Musset (A. de). Comédies et proverbes. *Paris, Charpentier*, 1840, in-12, dem.-rel.

725. Ouville (Ant. le Metel d'). Les Morts vivants, trag.-comédie. *Paris, Cardin, Besongne*, 1647, in-4, vél. (Mouill.)

726. Pièces diverses (54), comédies, vaudevilles, divertissements, etc., publ. la plupart pendant la restauration. In-8, en livr.

727. Pièces de théâtre, de Cahusac, Roy, Pellegrin, Bonneval, Fuzelier, Laserre. En 2 vol. in-4, dem.-rel., v. fau.

> Editions originales.

728. Pièces lyriques (35), rel. en 4 vol. petit in-4, dem.-rel. v. fau.

> Publ. de 1672 à 1807, dont plusieurs avec musique et jolies fig. gravées. *Editions originales.*

729. Poisson. OEuvres. *La Haye*, 1680, pet. in-12, rel. fatig.

730. Rochou de la Valette. Les filles, comédie en un acte, pièce à tiroir, in-4.

> Manuscrit autogr. de Rochou de la Valette, mort vers 1758.
> Cette pièce a été imp. à Paris en 1732.

731. Térence. Les six comédies de Térence, en latin et en français, trad. par l'abbé de Marolles. *Paris*, 1660, fort vol. in-8, v. br.

732. Terentii (Pub.). Comœdiæ sex. *Amst.*, 1755, in-18, v. fau., fers à froid, *Titre gravé.* (Aux armes.)

733. Vaudevilles. 25 pièces in-8, (1770-1818).

734 Walewski (le Comte Alex.) L'Ecole du monde, ou la Coquette sans le savoir, comédi en 5 actes et en prose. *Paris*, 1840, in-8, br.

Œuvres de Théâtre.

735. Ancelot (Théâtre de Madame). *Paris, Gosselin*, 1841, in-12. dem. rel.

736. Anseaume. Théâtre, ou Recueil des comédies, parodies

et opéras comiques, avec les airs notés dans chaque pièce. *Paris*, 1766, 3 vol. in-8, veau mar.

737. Brumoy. Théâtre des Grecs, nouv. édit. *Paris, Cussac,* 1785,, 13 vol. in-8, v. mar. *Figures.*

738. Brueys et Palaprat. Œuvres de théâtre. *Paris*, 1755, 5 vol. in-12, v. mar. *Portrait.*

739. Carmontelle. Théâtre de campagne. *Paris*, 1775, 4 vol. in-8, v. mar.

740. Chabanon (de). Œuvres de théâtre et autres poésies. *Paris*, 1788, in-8, dem. rel.
    Cont.: Le Faux noble, La Toison d'or, etc.

741. Chénier (M. J. de). Théâtre, précédé d'une notice. *Paris*, 1818, 3 vol. in-8, v. gr., fil. Portrait. (*Bon exemplaire.*)

742. Collin d'Harleville. Collection de comédies publ. de 1787 à 1803, et pièces de vers lus à l'Institut nat. an VII. (*Cette dernière pièce paraphée par l'auteur.*) 3 vol. in-8, v. m., tr. dor.

743. Collin d'Harleville. Œuvres choisies. *Paris*, 1820, 4 tom. en 2 vol. in-12, dem. rel. *Portrait et fig.*

744. Comte (Théâtre de M.). dédié à l'enfance. 1828-29; 5 vol. in-18, br. *Figures.*

745. Corneille. Le théâtre de Pierre et Thomas Corneille; nouv. édit. revue, corrigée et augm. de ses œuvres diverses. *Amst.*, 1740-54, 13 vol. in-12, v. mar. *Portraits et figures.*

746. Corneille. Le théâtre de P. Corneille, nouv. édit. *Paris. Bordelet*, 1755, 7 vol. in-12, v. rac.

747. Corneille. Œuvres de P. Corneille, avec les commentaires de Voltaire. *Paris, Renouard*, 1817, 12 vol. in-8, v. jasp. dent. *Portrait et figures de Moreau.*

748. Crébillon. (Théâtre de). *Paris, Ribou*, 1717, in-12, v. br.

749, Dancourt. Les chefs-d'œuvre de théâtre, *Paris*, 1773, 3 vol. in-12, v. mar.

750. Genlis (Madame de). Théâtre à l'usage des jeunes personnes. *Paris*. 1779, 4 vol. in-8, v. m.

751. Hauteroche. Les œuvres de théâtre de M. de Hauteroche. *Paris*, 1736, 3 vol. in-12, v. br.

752. La Chaussée (N. de). OEuvres, nouv. édit. *Paris, Prault.* 1762, 5 vol. in-12, dem. rel.
Ex. relié sur brochure.

753. La Thuillerie (de). Théâtre, nouv. édit. *Amst., P. Marteau.* 1745, in-12, v. br.

754. Marrocchesi (A.). Opere teatrali. *Bologna,* 1807, 4 vol. in-8, dem, rel. *Portrait.*

755. Molière. OEuvres, avec des remarques grammaticales, des avertissements et des observations sur chaque pièce, par Bret. *Paris,* 1778, 8 vol. pet. in-12, v. mar. *Figures de Boucher.*

756. Molière. 5 pièces in-8, br. Molière à la nouvelle salle, com. en 1 acte, 1782. — La mort de Molière. p. en 3 act. 1788. — Molière avec ses amis, ou le souper d'Auteuil, par Rigaud et Jacquelin, 1801, com. en 2 act. — Molière avec ses amis, ou la soirée d'Auteuil com. en 1 acte, par Andrieux, avec une notice. — La maison de Molière, par Mercier, com. en 4 actes.

757. Montfleury. Théâtre de Montfleury, père et fils, nouv. édit. *Paris,* 1775, 4 vol. in-12, v. mar.

758. Morand. Théâtre et œuvres diverses. *Paris,* 1751, 3 vol. in-12, v. mar,

759. Panard. Théâtre et œuvres diverses. *Paris,* 1763, 4 vol. in-12, v. m. *Musique notée.*

760. Picard (Théâtre de L. B.); 22 pièces. in-8, br.

761. Pindemonte. Componimenti teatrali de G. Pindemonte. *Milano,* 1804, 4 vol. in-8, dem. rel. *Portrait.*

762. Poisson (les OEuvres de); 2e édit., corrig. et augment. *Paris,* 1743, 2 vol. in-12, v. mar.

763. Quinault. Le Théâtre de M. Quinault, cont. ses tragédies, comédies et opéras. *Paris,* 1715, 5 vol. in-12, v. br. *Portrait et figures.*

764. Quinault. Le Théâtre de Quinault, cont. ses tragédies, comédies et opéras; nouv. édit. *Paris,* 1739, 5 vol. in-12. v. f. *Jolies figures.*

765. Racine. OEuvres. *Paris,* 1702, 2 vol. in-12, v. mar.

766. Racine. OEuvres. *Paris,* 1713, 2 vol. in-12, v. br., tr. dor. *Figures.* (Ex. réglé.)

767. Racine. OEuvres complètes, avec les notes de tous les commentateurs; édit. publ. par L. Aimé Martin. *Paris, Le-*

fèvre, 1820, 6 vol. in-8, v. rac. dent. *Jolies figures d'après Desenne, Girodet, Prudhon*, etc., etc.

768. RACINE. (OEuvres de Jean). *Paris, Saintin*, 1821. 4 tom. en 2 vol. in-16, dos et coins de v. bleu. *Fig.*

769. REGNARD (les OEuvres de) ; nouv. édit., revue, corrig. et augm. *Rouen*, 1731, 5 vol. in-12, v. f.

770. SCHILLER. OEuvres dramatiques, trad. par de Barante ; précéd. d'une notice biographique et littéraire sur Schiller. *Paris*, 1834, 6 vol. in-8, br.

771. SCRIBE. OEuvres choisies. *Paris, Didot*, 1845, 5 vol. gr. in-18, br.

772. SHAKESPEARE, trad. de l'angl. (par Letourneur, Catuelan et Fontaine-Malherbe). *Paris, Duchesne*, 1776, 20 vol. in-8, br. *Front. gravé.*

773. SOPHOCLIS quæ exstant omnia, cum veterum grammaticor. scholiis. Superstites tragœdias VII.... recensuit R. F. Ph. Brunck. *Londini*, 1819, 2 vol. in-8, v. f. (Rel. anglaise, *aux armes.*)

774. SOUMET (A.). OEuvres complètes. (Théatre.) *Paris*, 1845, pet. in-4, br., à 2 col.

775. THÉATRE complet des Latins, par J. B. Levée et par l'abbé Le Monnier. *Paris*, 1820, 15 vol. in-8, br.

Pièces diverses.

776. ABOUT (Edm.). Théâtre impossible. *Paris*, 1862, in-12, br.
Envoi d'auteur, autogr., signé.

777. AUTEURS COMIQUES (chefs-d'œuvre des). Destouches, Fagan, Boissy. *Paris, Didot*, 1845, in-12, dem. rel., v. rose.

778. BALLETS, tragédies, etc. ; 6 pièces en 1 vol. in-8, v. mar.
Thémire, 1770. — Bellérophon, 1773. — La Vue, représ. à Fontainebleau, 1770. — La Femme colère, représ. à Versailles, 1778. — Iphignénie en Aulide, 1782. — Programme du ballet de Ninette à la cour, représ. à Versailles, 1782.

779. DORAT. Recueil de pièces en 1 vol. in-8, v. mar.
Régulus, trag., et la Feinte par amour, com., 1773. *Titre gravé de Marillier.* — Le Célibataire, com., 1776. *Titre gravé de Marillier.* — Le Malheureux imaginaire, com., 1777.

780. DUCANCEL (M. P. C.). Esquisses dramatiques du gouvernement révolutionnaire de France aux années 1793, 1794 et 1795. *Paris*, 1830, in-8, br.

781. **Leclercq** (Th.). Proverbes dramatiques; nouv. édit., augmentée des proverbes inédits, précédée de notices par MM. Sainte-Beuve et Mérimée. *Paris*, 4 vol. gr. in-18, br. *Figures de A. et T. Johannot.*

782. **Magasin théatral** (le). Choix de pièces nouvelles jouées sur les théâtres de Paris. *Paris*, 1834, 28 vol. gr. in-8, dem. rel. *Figures coloriées.*

783. **Mélodrames.** 24 pièces in-8, br. (1802-1818.)

784. **Pantomimes.** 12 pièces in-8, br.

> Le Chat botté, 1772. — L'Enlèvement, ou la Caverne, 1792. — La Laitière polonaise, an vi. —La Fille du hussard, an vii. —Les Chinois, an viii.—Madame Angot au sérail, an viii. — L'Elève de la nature, an ix. — Psyché, an xiii. — Elisabeth du Tyrol, 1804. — Paul et Virginie, 1806. — Gérard de Nevers, 1810. — Le Diable boiteux, 1836.

785. **Pièces de théatre** publ. sous la république et la restauration, 11 vol. in-8, rel. pleine.

786. **Pièces de théatre**, non reliées (78 p.), in-8.

> Publ. à la fin du xviiie s., par : Racine, Piron, Voltaire, Gresset, Regnard, Florian, La Harpe, de La Touche, Ducis, Sedaine, Pigault-Lebrun, Collin-d'Harleville, Dorat. Legouvé, Fabre-d'Eglantine, Collot-d'Herbois, Gouffé, Camaille Saint-Aubin, La Martellière, Monvel, etc., etc.

787. **Pièces de théatre** (60), publ. depuis 1830, gr. in-8 à 2 col., dem. rel., 2 vol.

788. **Pièces diverses** (22) du théâtre moderne, format grand in-18 jésus, br.

> Drames, Tragédies, Revue, Proverbes, Opéras, etc.

789. **Pièces diverses.** 22 pièces in-8, br.

> Zénis et Almasie, ballet héroïque, représ. à Choisy, 1773. — L'Entrepreneur dans l'embarras, opéra-bouffon, an x. — Ossian, ou les Bardes, opéra en 5 actes, 1804. — Michel-Ange, opéra, 1802. — Cendrillon, opéra féerie, 1810. — Jeannette et Bernard, opéra-bouffon, 1787. — La Dame voilée, opéra en 1 acte, an viii. — Tamerlan, op. en 4 actes, an x. — Ma Tante Aurore, op.-bouffon, 1803. — Le Choix d'Alcide, opéra-ballet, 1811. — Le Vaudeville au camp de Boulogne, prol.-impromptu, 1805. — Turlututu, par le Cousin Jacques, folie-bêtise, farce ou parade, an v, etc., etc.

790. **Recueil de pièces** en 1 vol.

> Le mariage inattendu de Chérubin com. par Me de Gougès. *Paris*, 1788. — Le philosophe corrigé ou le Cocu supposé, com. par la même. — La veuve du Malabar, par Lemierre, 1780. — Le club des dames ou le Retour de Descartes com. en prose, 1784.

791. **Recueil** en 1 vol. in-8, dem. rel.

> Régulus, trag. avec 2 vign. d'Eisen, 1765. — L'amitié à l'épreuve com. 1 fig. de Gravelot, 1771. — L'Ami des loix, com. par Laya, 1793. — La fausse Paysanne, par de Piis, 1789.

792. RECUEIL de tragédies et parodies en 1 vol. in-8, v. (5 pièces).

> Mahomet, par Voltaire, 1742. — Le siége de Calais, par de Belloy 1765. — Le vrai philosophe, par Asaignon, 1767. — Thésée, parodie nouvelle de Thésée, par Favart, Parvi et Laujeon, 1745. — Les Indes dansantes, parodie des Indes galantes, par Favart, 1751, *avec musique.*

793. TEATRO COMICO fiorentino contenente XX delle più rare commedie citate da sig. Accad. della Crusca. *In Firenze*, 1750, 6 vol. in-8, v. gr.

794. TEATRO COMICO moderno, ossia raccolta di alcune commedie italiane. *Parigi*, 1836, in-12, br.

795. THÉATRE (Pièces de) en 17 vol. in-8 et in-12, rel. (Environ 60 pièces de la fin du siècle dernier.)

796. THÉATRE, 9 vol. ou p. nouvelles, in-18, jésus, br.

> Théâtre de Bayard. — Théâtre de Beaumarchais. — Th. de Marivaux. — Th. de Scribe. — Le fils de Giboyer, Gaetana, etc., etc.

797. THÉATRE ALLEMAND (en all). 16 p. la plupart impr. à la fin du siècle dernier, ou au comm. de celui-ci.

798. THÉATRE ANGLAIS, 13 p. de diff. format, br.

799. THÉATRE BURLESQUE. Choix de tragédies et comédies facétieuses, 3e édit. *Paris*, 1840, in-16, br.

800. THÉATRE CHOISI, recueil de pièces publ. à la fin du XVIIIe s. reliées en 11 vol. in-8, bas. rac.

801. THÉATRE D'AUTREFOIS (le). Chefs-d'œuvre de la littérature dramatique. *Paris*, 1842-44, 3 vol. gr. in-8, br. *Figures.*

802. THÉATRE de Société. *La Haye et Paris*, 1777, 2 vol. in-12, v. m. *Musique notée.*

803. THÉATRE ESPAGNOL, 4 pièces.

> La Guitarra, 1812. — La Comedia nueva, por D. de Moratin, 1820. — La Moza de Cantaro, par Lope de Vega, 1803. — El Poeta Calculista, 1809.

804. THÉATRE ESPAGNOL de Don Joseph de Canizares (en 2 portef.) cont. 35 pièces.

805. THÉATRE ESPAGNOL, 179 pièces de divers auteurs imprimées de 1777 à 1852.

> Toutes ces pièces sont brochées et renfermées dans 8 portef.

806. CALDÉRON. 11 portef. cont. 90 p. in-4 à 2 col., édit. du dernier siècle, la plupart non-coupées.

807. MORETO (Aug.). 31 pièces cont. dans 4 portef.

808. PIÈCES ANONYMES, 1 portef. cont. 39 pièces, dont plus. de diff. éditions.

809. Pièces de divers auteurs en collaboration ; 1 portef. cont. 12 pièces.

810. Recueil de pièces espagnoles, trad. d'autres langues ; 1 portef. cont. 17 pièces.

811. Recueil de saynètes, pièces en musique, etc., 1 portef. cont. 76 pièces, la plup. imprimées en Espagne sous la Restauration.

812. Théâtre français, ou Recueil des meilleures pièces de théâtre. *Paris*, 1737, 12 vol. in-12, veau fau. fil. (*Exempl. Viollet-le-Duc.*)

813. Théâtre italien. *Venise*, 1753 *et Turin*, 1796-98, 10 vol. in-12, dem. rel.

Commedie di G. B. Fagiuoli, fiorentino, 7 t. en 4 vol. — Nuovo teatro popolare 6 t. en 3 vol. — Teatro popolare inedito, 6 t. en 3 vol.

814. Théâtre-Italien, 5 p. in-8, br.

Medea in Corinto, trag. di Morosini, *Venezia*, 1806. — Polissena, trag. di Niccolini. *Firenze*, 1811. — Matilde, dramma eroico. *Bologna*, 1814. — I. Gauri, Melod.-Eroico, dedicado A. S. E. il signor generale di Menou. *Venezia*, 1810. — Nabucco, trag. 1819.

815. Teatro italiano, osia scelta di tragedie per uso della scena. *Verona*, 1723, 3 vol. in-8, v. gr.

816. Théâtre moderne, 9 pièces cart. à la Bradel et rel.

Marion-Delorme, par V. Hugo, 1831 (1re édit.). — Vautrin, par de Balzac, 1840 (1re édit.). — Louis XI à Péronne, par Mély-Janin, 1827. (*Envoi d'auteur.*) — L'école des journalistes, par Me de Girardin, 1839 (1re édit.). — Mademoiselle de La Vallière, par Ad. Dumas, 1843, (1re édit.). — Les enfants d'Edouard, par C. Delavigne, 1833. — Les Macabées, le comte Julien, ou l'Expiation, Virginie (3 pièces par Alex. Guiraud, en 1 vol.), (Edition originale).

817. Théâtre moderne, 13 pièces in-12, br., par Ed. Plouvier, L. Bouilliet, Dumoustier, J. Sandeau, Mario Uchard. Ponsard, Alex. Dumas, etc.

818. Théâtre moderne, 60 pièces gr. in-8, Comédies, Drames, Vaudevilles, Revues, etc., de la Col. du Mag. Théâtral et de la France dramatique.

819. Théâtre révolutionnaire, 14 pièces en un vol. in-8.

820. Vadé et Scaron (Chefs-d'œuvre de). *Paris*, 1810, 2 vol. petit in-12, v. mar. *Portraits.*

Biographie et Bibliographie théâtrale.

821. Bibliothèque Soleinne. Bibliothèque dramatique de

M. de Soleinne. Catalogue rédigé par P. L. Jacob. *Paris*,
1843, 5 vol. in-8, br.

822. BIBLIOTHÈQUE DU THÉATRE-FRANÇAIS, depuis son origine,
contenant un extrait de tous les ouvrages composés pour ce
théâtre depuis les mystères, jusqu'aux pièces de P. Corneille
(par Marin). *Dresde*, 1768, 3 vol. in-8, v. mar.

823. FILIPPI (J. de). Essai d'une bibliographie générale du
théâtre, ou Catalogue raisonné de la bibliothèque d'un amateur, complétant le catalogue Soleinne. *Paris*, 1861, in-8,
br. *Envoi d'auteur*.

824. FILIPPI (Collection théâtrale de J. de). Catalogue des livres
imprimés et manuscrits. *Paris*, 1861, 2 part. in-8, br.

825. GRIMAREST. La Vie de Molière. *Paris*, 1705. (Manque le
portrait.) — Vie de Molière (par Voltaire). 1739, ensemble
2 vol. in-12, v. br.

826. LEMAZURIER. Catalogue de la bibliothèque dramatique de
feu Lemazurier. *Paris*, 1837, in-8, br. (*Prix.*)

827. MAUPOINT. Bibliothèque des théâtres, contenant le catalogue alphabétique des pièces dramatiques, avec des anecdotes sur la plupart de ces pièces et sur la vie des auteurs,
acteurs, etc. *Paris*, 1733, in-8, v. mar.

828. MOLÉ (Vie de Franç.-René), comédien français et membre de l'Institut nat. de France. *Paris, Desenne*, 1803, in-12,
br. *Portrait gravé sur le titre*.

829. MONNET (Mémoires pour servir à la vie de Jean), ci-devant directeur de l'Opéra-Comique. *Londres*, 1773, 2 tomes
en 1 vol. in-12, bas. *Portrait gravé par Saint-Aubin*.

830. THÉATRES DE PARIS (les). Galerie illustrée des célébri-
tés contemporaines. *Paris*, *s. d.*, 2 vol. gr. in-8, br. *Nombreux portraits color*.

ROMANS, CONTES ET NOUVELLES

831. AMOURS (les) du bon vieux tems (Aucassin et Nicolette,
etc..., publ. par de La Curne de Sainte-Palaye). *Paris, Duchesne*, 1756, in-8, v. mar.

832. BALTAZAR (le chevalier). Histoi[...] [...]agone, contenant les actions milit. et les aventures d[...] [...]rémoy,
sous le nom du chevalier Baltazar. *Bruxelles*, 17[..], [..]-12,
v. *Portrait*.

833. Bibliothèque Bleue. 2 vol. in-8, dem. rel. *Figures.*

Histoire de Pierre de Provence et de la belle Maguelonne. — Robert le Diable. — Richard sans Peur. — Fortunatus. — Enfance de Fortunatus. — Jean Calais. — Les Quatre fils d'Aymon. — Musarion.

834. Cervantes Saavedra (Mig.). Vida y hechos del ingenioso hidalgo don Quixote de la Mancha. *En Londres, Tonson,* 1738, 4 vol. in-4, bas.

Belle édition, ornée de jolies figures de Vertue et de Gucht.

835. Cervantes (M. de). Histoire de l'admirable Don Quichotte de la Manche, trad. de l'espagnol (par Filleau de Saint-Martin). *Lyon,* 1781, 6 vol. in-12, v. m. *Figures.*

836. Chateaubriand (F. A.). Atala, ou les Amours de deux sauvages dans le désert. *Paris,* 1801. — Observations critiques sur le roman intitulé : Atala, par Morellet. *Paris.* 1801. Ens. 2 ouv. rel. en 1 vol. in-12, bas. gr.

837. Crébillon. Œuvres. *Paris, Renouard,* 1818, 2 vol. in-8, cart. n. rog. *Fig. de Moreau.*

Edition estimée.

838. Duras (Mme de). Ourika. *Paris, Ladrocat,* 1824, in-12, cart.

839. Fénelon (de). Les Aventures de Télémaque, fils d'Ulysse. *Paris, impr. de F. A. Didot l'aîné,* 1783, 2 vol. in-4, mar. rou., fil. tr. dor. (*Bel exemplaire.*)

De la collection du Dauphin.

840. Fielding. Aventures de Roderik Random, trad. de l'angl. (par Hernandès et Puisieux). *Amst.,* 1762, 2 vol. in-12, dem. rel. v. ant.

Les bibliographes ont reconnu que cet ouvrage est de Tobie Smolett.

841. Fielding. La Roue de fortune, ou l'Héritière de Beauchamp, trad. de l'anglais par Ch. Def*** (Defauconpret). *Paris,* 1819, 3 vol. in-12, dem. rel. v. v. (*Bon ex.*)

842. Fielding (H.). Tom Jones, ou Histoire d'un enfant trouvé, trad. par L. C. Chéron. *Paris,* 1804, 6 vol. in-12, v. rac. (*Bel exemplaire.*)

843. Furetière (Ant.). Le Roman bourgeois, ouvr. comique. Nouv. édit., par Ed. Fournier. *Paris, Jannet,* 1854, in-12, v. br.

Devenu rare.

844. Goldsmith (Ol.). Le Ministre de Wakefield, ou Histoire de la famille Primerose, trad. de l'anglais par J. G. Ymbert fils. *Paris*, 1802, 2 vol. in-12, dem. rel. v. ant. *Fig.* (*Bon exemplaire.*)

845. Lamennais (F.). Amschaspands et Darvands. *Paris*, 1843, in-8, br.

846. Le Sage. Histoire de Gil-Blas de Sentillane. *Paris, an* iv, 8 t. en 5 vol. pet. in-12, dem. rel. v., n. rog. *Jolies Figures avant la lettre.*

847. Lettres anglaises (Nouvelles), ou Histoire du chevalier Grandisson. *Amst.*, 1770, 8 t. en 4 vol., v. m.

848. Marguerite de Valois, reine de Navarre. Contes et nouvelles. *Londres*, 1784, 8 vol. in-12, v. gr.

849. Mouhy (le chevalier de). Les Mille et une faveurs, contes de cour, tirés de l'ancien gaulois par la reine de Navarre, et publ. par le chevalier de Mouhy. *Londres*, 1784, 8 t. en 4 vol. in-12, dem. rel. m. br. éb. (*Peu commun.*)

850. Perrault (Ch.). Histoires ou contes du temps passé, avec des moralités, *suivant la copie de Paris. Amst.*, 1721, in-18, v. ant. *Frontispice dans lequel on lit : Contes de ma mère Loye. Vignettes à chaque conte.*
   Rare.

851. Segrais (de). Les Nouvelles françoises, ou les Divertissements de la princesse Aurélie. *La Haye*, 1741, 2 vol. in-12, v. mar. *Figures.*

852. Tressan. Histoire de Gérard de Nevers et de la belle Euriant, sa mie. *Paris, Didot*, 1792, pet. in-12, v. vert, fil., tr. dor.

853. Xénophon. Ephesiacorum libri V. De amoribus Anthiæ et Abrocomæ, cum latina interpretatione A. Cocchii Florentini. *Londini*, 1726, in-4, v. gr. *Frontispice gravé.* (*Bel exemplaire.*)

854. Xénophon. De Anthia et Habrocome ephesiacorum libri V, gr. et lat.; recensuit P. H. Peerlkamp. *Harlemi*, 1818, in-4, v. fau. (*Rel. anglaise.*)

Bons mots, Proverbes, etc.

855. Dictionnaire des proverbes français et des façons de parler comiques, burlesques et familières, etc. *Paris*, 1749, in-8, v. m.

856. Frenicle (N.). L'Entretien des illustres bergers. *Paris, J. Dugast*, 1634, in-8, v. gr. *Titre gravé.* (Mouill.)

857. **Huet**, évêque d'Avranches. Huetiana, ou Pensées diverses de M. Huet. *Amst.*, 1723, in-12, dem. rel.

858. **Huet**, évêque d'Avranches. De interpretatione libri II. His accessit de fabularum romanensium origine diatriba. *Hagæ Comitis*, 1683, 2 part. en 1 vol. in-12, vél.

859. **Maintenon**. Proverbes inédits de madame de Maintenon, publiés par de Monmerqué. *Paris*, 1829, pet. in-12, cart.

860. **Papillotage** (le). Ouvrage comique et moral. *Rotterdam*, 1767, in-12, mar. v. n. rog.

861. **Sévigné** (la marquise de). Sevigniana, ou recueil de pensées ingénieuses, d'anecdotes, lettres historiques et morales, tirées des lettres de madame la marquise de Sévigné. *A Grignan*, 1768, in-12, v. mar.

> Au bas du titre, se trouve la signature autographe de mademoiselle de Lespinasse.

Épistolaires.

862. **Fontenelle** (de). Lettres galantes de monsieur le chevalier d'Her***. *Amsterdam, Est. Roger*, 1716, in-12, v. gr. *Frontispice gravé (au quærendo).*

863. **Lettres** de saint Jérôme (les), trad. nouvelle, 2ᵉ édition. *Paris*, 1679, in-8, v., fil. *Fig.*

864. **Pompadour**. Lettres de la marquise de Pompadour, écrites à plusieurs personnages illustres du xviiiᵉ siècle. *Paris*, 1811, 2 vol. in-12, cart. n. rog.

865. **Maupeouana**, ou correspondance secrette et familière du chancelier Maupeou avec son cœur Sorhouet, par Pidanzat de Mairobert). *Impr. à la chancellerie. Paris*, 1773, 2 vol. in-12, v. mar. *Fig.*

866. **Milizia** (F.). Lettere di Francesco Milizia, al conte Fr. di Sangiovanni. *Parigi, J. Renouard*, 1827, in-12, v. bleu, rel. anglaise

> Exemplaire sur pap. de couleur.

867. **Ninon de Lenclos**. Lettres de Ninon de Lenclos au marquis de Sévigné, avec sa vie. *Amsterdam, F. Joly*, 1757, 2 vol. in-18, d.-rel. *Portrait.*

868. **Sadolet** (J.). Épistre de Jacques Sadolet avec la réponse de J. Calvin. *Genève J. G. Fick*, 1860, petit in-8, br.

> Réimpression de l'édition de 1540 faite par les soins de M. G. Revilliod, tirée à petit nombre. — Ex. en pap. de Hollande.

869. Sévigné (lettres de madame de) Avec les notes de tous les commentateurs. *Paris, Didot,* 1853, 6 vol. in-12, d. rel. v. bl. *Portrait.*

Polygraphes.

870. Ami des François (l'), par Rouillé d'Orfeuil. *Constantinople,* 1771, in-8, mar. fil., tr. dor.

871. Bernardin de Saint-Pierre. Œuvres complètes, nouv. édit. revue, corrigée et augmentée, par L. Aimé-Martin. *Paris,* 1826, 12 vol. in-8, br. *Figures.*

872. Beroaldus (Ph.). Rationes, prelectiones, præfationes : ... quibus addenda sunt varia opuscula. *Venundantur in universitate per Anth. Bonnemere, s. d.* petit in-fol. v. gr. (quelques mouillures).

    Œuvres complètes de cet auteur (avec la marque de F. Regnault). — A la suite, se trouve le traité : *De vera nobilitate. Venale habet, in off. H. Stephani.* (48 ff.).

873. Bonnet (Ch.). Œuvres d'histoire naturelle et de philosophie. *Neufchatel.* 1779-83, 8 vol. in-4, d. rel. *Figures et planches.*

874. Bossuet, Fléchier et Mascaron. (Rec. des oraisons funèbres prononcées par). *Paris,* 1741, 3 vol. in-12, v.

875. Castiglione (Baldessar). Opere volgari, e latine novellamente raccolte.... da G. Antonio, e Gaetano Volpi. *In Padova,* 1733, in-4, rel. en cuir de Russie, tr. dor. (Rel. anglaise.)

    Bonne édition, peu commune.

876. Chenier (J. M. de). Œuvres. *Paris, Baudouin,* 1824, 6 vol. in-12, v. jasp., dent.

877. Commirius (J.). E soc. J. Opera posthuma. *Parisiis,* 1704, in-12, anc. rel. mar. rouge, tr. dor. *Titre gravé.*

    A la suite se trouvent les *Poésies françoises du même auteur.*

878. Condillac (l'abbé de). De l'Académie française. Cours d'étude. *Paris,* 1795, 16 vol. in-8, v. mar., dent.

879. Demosthenis oratio de corona græce et latine, quam denuo recognovit et cum J. Taylori H. Volfii, etc...., iterum ed. G. C. Harless. *Lipsiæ,* 18_4, in-8, v. fau., fil., tr. dor.

880. Démosthène. Œuvres complètes de Démosthène et d'Eschine, trad. en françois, par l'abbé Auger. *Paris,* an ii*,* 6 vol. in-8, v. mar.

881. Diderot. Œuvres choisies, précédées de sa vie, par F. Génin. *Paris,* 1856, 2 vol. gr. in-18, br.

882. Garrick (David). OEuvres. *Paris*, 1784, 2 vol. in-8, veau fau. *Portrait*.

883. Grosley (P. J.). OEuvres inédites, édit. originale collat. sur son manuscrit et aug. d'articles biographiques, de remarques et d'un discours préliminaire, par L. M. Patris-Debreuil. *Paris*, 1812, 2 vol. Voyage de Grosley en Hollande, suivi d'un extrait de sa correspondance pendant ses voyages en Italie. *Paris*, 1813, 1 vol. Ensemble 3 vol. in-8, br. *Portrait*.

884. Helvetius. OEuvres complètes. *Londres*, 1776, 4 vol. in-8, v. éc. *Portrait*.
> Bel exemplaire.

885. Laharpe (J.-F.). Lycée, ou Cours de littérature ancienne et moderne. *Paris, Lefèvre*, 1816, 15 vol. in-8, bas. rac. dent.
> Bon exemplaire.

886. La Harpe (J.-F.). Cours de littérature ancienne et moderne. *Paris*, 1826, 18 vol. v. rac.

887. Langlois (A.). Monumens littéraires de l'Inde, ou mélanges de littérature sanscrite. *Paris, Lefèvre*, 1827, in-8, dem.-rel.

888. Lysias. OEuvres complètes, trad. en français, par l'abbé Auger. *Paris*, 1783, in-8, v. rac., fil.

889. Montesquieu. OEuvres. *Amsterdam et Leipzig*, 1759, 4 vol. in-12, v. m. *Cartes*.

890. Montesquieu. OEuvres. *Amsterdam et Leipzig*, 1773. 7 vol. in-12 v. m. *Cartes*.

891. Montesquieu. OEuvres. *Londres*, 1787, 4 vol. in-18, v. mar., tr. dor.

892. Montesquieu. OEuvres. *Paris*, 1816, 9 vol. pet. in-12. d.-rel., v. ant.

893. Nodier (Ch.). Mélanges de littérature et de critique; mis en ordre et publ. par A. Barginet. *Paris*, 1820, 2 vol. in-8, d.-rel., v. viol.

894. Nodier (Ch.). Mélanges tirés d'une petite bibliothèque, ou Variétés littéraires et philosophiques. *Paris, Crapelet*, 1829, in-8, d.-rel., v. fauve.

895. Palissot. Recueil en un fort vol. in-8, d.-rel.
> Mémoire pour servir à l'histoire de notre littérature depuis François Iᵉʳ jusqu'à nos jours, 1773.—Lettre à M. Palissot sur un article de ses Mémoires, 1775.—L'Homme dangereux, comédie suivie de réflexions et mémoires

sur la vie de l'auteur, 1770.—L'Homme content de lui-même, ou l'Egoïsme
de la Dunciade, avec des réflexions sur la littérature, 1772.

896. PIRON. OEuvres complètes d'Alex. Piron, publiées par
Rigoley de Juvigny. *Troyes*, an VIII, 9 vol. in-12, demi-rel.
Portrait.

897. PLUTARQUE. Traité de Plutarque sur la manière de dis-
cerner un flatteur d'avec un ami, et le Banquet des sept
Sages, dialogue du même auteur, rev. et corrig., avec une
version française et des notes, par de La Porte du Theil.
Paris, I.-R., 1772, in-8, v. éc. fil., tr. dor.

898. RAMUS (P.). Ciceronianus. *Parisiis, apud And. Wechel*.
1557, pet. in-8, v. gr. (*Aux armes.*)

899. RECUEIL des éloges funèbres prononcés à l'occasion de la
mort de Mgr le Dauphin, 1776, in-4, v. mar.

> Volume contenant 13 pièces de divers auteurs, parmi lesquelles on trouve
> la description des mausolées érigés en l'honneur du dauphin et de Stanis-
> las Ier, *avec planches*.

900. ROUSSEAU (J.-J.). OEuvres complètes, nouv. édit. *Paris,
Ledoux et Tenré*, 1819, 20 vol. in-18, br.

> Jolie édition, ornée de portraits et figures gravés par Tardieu.

901. ROUSSEAU (OEuvres de J.-J.), avec des notes historiques.
Paris, Lefèvre, 1819, 22 vol. in-8, cart. à la Bradel, n. rog.
Portrait et figures.

> Exemplaire en très-bon état.

902. SACCHI (D.). Varieta litterarie o saggi intorno alle costu-
manze, alle arti agli nomini e alle donne illustri d'Italia del
secola presente. *Milano*, 1832; 2 t. en 1 vol. in-12, cart.

903. SAINT-FÉLIX (J. de). Vierges et Courtisanes. *Paris*, 1837,
2 vol. in-8, br. *Rare*.

904. SAMBUCUS (J.). De imitatione Ciceroniana dialogi III.
Ejusd. duæ orationes funebres... et epigram. gr. et lat.
Parisiis, apud Ægidium Gorbinum, 1561, pet. in-8, anc. rel.
mar. rou. fil.

905. SÉLAM (le). Morceaux choisis inédits de littérature con-
temporaine. *Paris*, 1834, in-12, d.-rel., v. r. (*Capé*). *Orné de
vignettes anglaises*.

906. SÉNÈQUE. Selecta Senecæ philosophi opera, in gallicum
versa, opera et studio P. F. X. D. (Denis). *Parisiis, typis
Barbou*, 1761, in-12, v. fauve fil., tr. dor.

> La traduction française suit le texte latin.

907. SÉNÈQUE (L.-A.). OEuvres, mises en français par Matthieu
de Chalvet. *Paris*, 1647, in-fol., d.-rel.

908. STAEL-HOLSTEIN (Mme de). De la littérature considérée dans ses rapports avec les institutions sociales; 2e édition, corrig. et augm. *Paris, Crapelet*, 2 vol. in-8 d.-rel., v. rose, n. rog.

909. STAEL-HOLSTEIN (Mme de). De l'Allemagne; 2e édition. *Paris*, 1814, 3 vol. in-8, d.-rel., v. rose, n. rog.

910. STASSART (le baron de). OEuvres complètes. *Paris*, 1854, gr. in-8 de 1092 pages à deux colonnes. *Portrait.*

    Comprenant entre autres : Notice biographique sur l'auteur. — Fables (9e édition). — Pensées de Circé (4e édition). — Poésies diverses. — Idylles en prose (3e édition). — Contes en prose. — Petits dialogues épigrammatiques et moraux. — Méditations religieuses d'Eckartshausen. — Rapports et discours, dont plusieurs relatifs à l'histoire de la Belgique. — Notices biographiques. — Critique littéraire. — Miscellanées. — Causeries littéraires, ou Revue rétrogressive, etc.

911. STERNE. OEuvres trad. de l'anglais, par de Frenais, de Bonnai et Salaville. *Paris*, 1777, 7 vol. in-12, v. jaspé. *Figures de Ransonnette.*

912. TRISSINO (G.-G.). Tutte le opere di Giov. Giorgio Trissino. *Verona*, 1729, 2 vol. in-4, vél. *Portrait et plan de Rome.*

    C'est la meilleure édition.

HISTOIRE

Géographie. — Voyages.

913. ATLAS communal de la France, par divisions militaires, dressé par Charlé. *Paris*, 1823, in-fol. cart.; 19 *cartes coloriées, dont une pour l'assemblage.*

914. BALBI. Abrégé de géographie. *Paris, Renouard*, 1834, fort vol. in-8, d.-rel.

915. BARTHÉLEMY. Voyage du jeune Anacharsis en Grèce. *Paris*, 1791, 7 vol. in-8, d.-rel. *Atlas cart.*

916. BARTHÉLEMY. Voyage du jeune Anacharsis en Grèce; 8 vol. in-16, maroq. vert. *Jolies figures.*

917. BOCHART (S.). Geographiæ sacræ pars prior Phaleg, seu de dispersione gentium et terrarum div. facta. *Cadomi, typis P. Cardonelli*, 1646, in-fol., v. gr. (*Mouillures.*)

918. CELLARIUS (A.). Harmonia macrocosmica, seu Atlas uni-

versalis et novus totius universi creati cosmographiam gener.
et novam exhibens. *Amst.*, 1708, in-fol. cart. *Front. gravé
et cartes color.*

919. CHOISEUL-GOUFFIER (le comte de). Voyage pittoresque de
la Grèce. *Paris*, 1782-1820, 2 vol, gr. in-fol.; le 1ᵉʳ, d.-rel.
maroq., et le 2ᵉ, d.-rel. percal. *Figures (belles épreuves) et
cartes.*

> Les planches du tom. Iᵉʳ sont de premier tirage, mais il manque la plan-
che 110.

920. CLUVERIUS (Ph.). Introductio in universam geographiam
tam veterem quam novam. *Amst.* 1697, in-4, v. gr. *Front.
gravé et Nombreuses cartes.*

921. COOK. Atlas contenant les 65 pl., du voyage dans l'hémi-
sphère austral et autour du monde, fait en 1772-75. *Paris*,
1778. — Cartes et figures du 3ᵉ voyage; 88 planches, dont
une grande suppl.; *mort de Cook. Paris*, 1785; ens. 2 vol.
in-4, rel et cart.

922. DEMIDOFF (Anat. de). Travels in southern Russia, and the
Crimea; throngh Hungary Wallachia and Moldavia, during
the year 1837. *London*, 1853, 2 vol. gr. in-8, rel. en percal.
r. n. rog. (*Aux armes.*) *Portrait et figures.*

923. DENON (V.). Voyages dans la basse et la haute Égypte,
pendant les campagnes de Bonaparte, en 1798 et 1799.
Londres, 1807, 2 vol. in-4, atlas in-fol. *de 109 planches
gravées*, cart.

> Publ. à 190 francs.

924. FONTANIER. Voyage dans l'Inde et dans le Golfe persique,
par l'Égypte et la mer Rouge. *Paris*, 1844, 3 t. en 2 vol.
in-8, dem. rel. v. ant. *Carte.*

925. LABILLARDIÈRE. Relation du voyage à la recherche de la
Pérouse, fait par ordre de l'Assemblée constituante, pendant
les années 1791-1792 et pendant la première et la deuxième
année de la République françoise. *Paris, An VIII*, 2 vol.
in-4, et *atlas in-fol. max. de cartes*, cart. n, rog.

926. LE CHEVALLIER (J. B.). Voyage de la Troade, fait dans
les années 1785 et 1786, 3ᵉ édit. *Paris*, 1802, 3 vol. in-8,
et atlas in-4. de *cartes, vues, monnaies, etc.*, rel. v. rac. fil.

927. MONTULÉ (Ed. de). Voyage en Angleterre et en Russie.
Paris, 1825, 2 vol. in-8, dem. rel. m. rou., fil.

928, PREVOST (l'abbé). Histoire générale des voyages, abrégée
et rédigée sur un nouveau plan par de Laharpe. *Paris*, 1780,
32 vol. in-8, bas. mar. *figures*, et atlas.

929. Russie. Atlas russien cont. une carte générale et dix-neuf cartes particulières de tout l'empire de Russie et des pays limitrophes. *Petropoli, Typis Acad. imp. Scientiarum, 1745,* in-fol. max., dem. rel. (*La plupart coloriées.*) *Portrait d'Elisabeth I.*

930. Tremaux (P.). Atlas du voyage au Soudan oriental, dans l'Afrique septentrionale et dans l'Asie mineure, exécuté de 1847 à 1854, comprenant une exploration dans l'Algérie, la régence de Tunis et de Tripoli, l'Asie mineure, l'Egypte, la Nubie, les Déserts, l'Ile de Méroé, le Sennaar, le Fa-Zogo, et dans les contrées inconnues de la Négritie. *Paris, Borrani,* environ 115 planches lithogr. et photographiées avec texte in-fol.

931. Volney (C. F.). Voyage en Syrie et en Egypte, pendant les années 1783-1785. *Paris*, 1787, 2 vol. in-8, dem. rel. *Cartes et planches.*

932. Voyages de Cook, etc. Relation des voyages entrepris par ordre de sa majesté britannique, et successivement exécutés par Byron, Carteret, Wallis et Cook; redigée par Hawkesworth. *Paris,* 1774-1785, 13 vol. in-4, v. mar. tr. dor. *Figures, plans et cartes.*

Histoire universelle, ancienne et romaine.

933. Guizot. Cours d'histoire moderne, hist. générale de la civilisation en Europe. *Paris*, 1828, in-8. dem. rel. veau ant. *Portrait.*

934. Hélie (Aug.). Discours sur l'histoire moderne des deux mondes. *Paris*, 1854, 2 vol. in-8, br.

935. Histoire ancienne. Hist. abrégée, quasi fabuleuse, par cartes généal. histor. de tous les anciens rois et royaumes du monde, depuis le déluge jusqu'à la naissance de Jésus-Christ.

Manuscrit in-fol. rel. en veau daté de 1725, en forme de tableaux, avec cartes coloriées et tables alphabétiques. — Beau portrait de Charles II, ajouté.

936. Justini. Historiarum ex Trogo Pompeio, iibri XLIV. *Paris, J. Barbou,* 1770, in-12, v. m., fil., tr. dor.

937. Les Hermites. Collection de mœurs ou observations sur les mœurs, usages et coutumes de toutes les nations au commencement du XIXe siècle par Jay et Jouy de l'académie. (*Ces volumes sont brochés en bon état et ornés de gravures.*)

L'Hermite en province. Picardie, Artois, Flandre. 1 vol. En Bretagne. En Dauphiné. En Languedoc. Provence. Lyonnais. Ile-de-France, Cham-

pagne, Bourgogne, 1 vol. Auvergne, Limousin, Aunis, etc., 1 vol. En prison,
2 vol. En Suisse, 3 vol. En Italie, 4 vol. En Espagne, 2 vol. De Londres,
3 vol. En Écosse, faisant suite à celui de Londres, 2 vol. De la Guyane,
3 vol. D'Épidaure, ou le nouvel Anacharsis, 1828, 2 vol.

938. PLINE (C.), second. Histoire du monde. Le tout mis en
françois par Ant. du Pinet. *Paris, E. Foucault*, 1615, 2 t. en
1 vol. in-fol. v. br.

    Sur le titre la signat. autogr. de *Nicolas de Haulteryve.*

939. QUINTE-CURCE. Q. Curtii Rufi, de rebus gestis Alexandri
Magni, libri X. *Paris, Typis J. Barbou*, 1757, in-12, v. fau,
fil., tr. dor. *Front. gravé d'Eisen.*

940. SALLUSTIUS (C. C.). Quæ exstant, ex doct. viror. emenda-
tione. *Amst., J. Wetsten*, 1747, in-18, v. fau., fil. (*Rel. anglaise, aux armes.*)

941. SALLUSTE (C.). Caii Sallustii Crispi quæ exstant opera.
Lutet. Paris., Typis J. Barbou, 1754, in-12, v. m., tr. dor.
Figures de Cochin fils.

942. TACITI (C. Corn.). Opera ex recensione J. Aug. Ernesti
denuo curavit J. J. Oberlinus. — Commentarius in Taciti
annales, conscriptus à Alex. Ruperti. *Londini, excudebat
Davison sumptibus R. Priestley*, 1825, 5 t. en 3 vol. in-8, v.
fau. (*Belle rel. anglaise, aux armes.*)

943. XENOPHONTIS quæ exstant opera (gr. et lat.). Annotat. H.
Stephani. *S. l. (sed Lutet. Parisior.)*, 1581, 2 part. en 1 vol.
in-fol., vél. (*Hæc editio emendata est.*)

Histoire de France.

944. ARTAGNAN (d'). Mémoires, contenant quantité de choses
particulières et secrètes qui se sont passées sous le règne de
Louis-le-Grand. *Cologne, P. Marteau*, 1700-1704, 4 vol.
in-12, v. m.

945. BARBIER (E. J. F.). Journal historique et anecdotique du
règne de Louis XV (*publ. par la Soc. de l'hist. de France*),
par A. de La Villegille. *Paris, Renouard*, 1847, 4 vol. in-8,
br. (*Epuisé. Très-rare.*)

946. BESSE. Recueil de diverses pièces servant à l'histoire du
roy Charles VI. *Paris, A. de Sommaville*, 1660, in-4, v. gr.
(*Aux armes.*)

947. CAILHAVA (L.). De tristibus Franciæ, libri IV, ex biblioth.
Lugdunensis codice nunc primum in lucem editi. *Lug-*

duni, per Lud. Perrin, 1840, in-4, v. ant. fil. (*Envoi d'auteur.*)

Belle publication, imprimée sur papier vergé et ornée de 40 dessins ou figures intercalées dans le texte. — Après la préface, vient l'explication de chaque figure en français. — Tirage à 120 exemplaires.

948. CARNOT. Réponse de L. N. M. Carnot, citoyen français, l'un des fondateurs de la République, au Rapport fait sur la conjuration du 18 fructidor, par Bailleul. *Londres*, 1799, in-12, v. gr.

949. CHOISY (l'abbé de). Mémoires pour servir à l'histoire de Louis XIV. *Utrecht*, 1727, 3 part. en 1 vol. in-12, v. fau.

950. COLIGNY-SALIGNY (Mémoires du comte de), et Mémoires du marquis de Villette, publ. par la Société de l'histoire de France, par M. Monmerqué. *Paris, Renouard*, 1854, in-8, broché.

951. COMMINES (Ph. de). Mémoires de messire Philippe de Commines, sr d'Argenton. *Paris, Cl. Barbin*, 1661, petit in-12, v.

952. DANIEL (G.). Hist. de France, depuis l'établissement de la monarchie française dans les Gaules. *Paris*, 1755, 17 vol. in-4, v. fil., tr. dor. *Titre gravé, cartes, plans et fig. de médailles.*

Bel exemplaire de la bonne édition.

953. DISCOURS MERVEILLEUX de la vie, actions et déportements de Catherine de Médicis, royne mère, déclarant tous les moyens qu'elle a tenus pour usurper le gouvernement du royaume de France et ruiner l'Estat d'iceluy (attr. à Henri Estienne). *Selon la copie imprimée à Paris*, 1649, petit in-8, v. fau., fil., tr. dor. (*Très-rare.*)

954. DUC DE NORMANDIE (3 ouvrages concernant le). In-8, br.

Le véritable duc de Normandie. *Paris,* 1835. A la suite : Existence du fils de Louis XVI. — Abrégé de l'histoire des infortunes du Dauphin. *Londres,* 1836. *Portrait et autogr.* — Naundorff, ou Mémoire à consulter sur l'intrigue du dernier des faux Louis XVII. *Paris,* 1837.

955. DU TILLET (les frères). Recueil des Roys de France, leurs couronne et maison ensemble, le rang des grands de France, plus une chronique abrégée (des Rois de France), en outre les mémoires dudit sieur sur les priviléges de l'Eglise gallicane, etc. *Paris*, 1607, fort vol. in-4, v. br. *Figures et blasons.*

956. EON (le chevalier d'). Lettres, mémoires et négociations particulières du chevalier d'Eon. *Imprimé chez l'auteur et*

se vend à Londres chez J. Dixwell, 1764, in-4, v. fau. (rel. anglaise). *Portrait ajouté.*

Bel exemplaire.

957. ESTATS DE FRANCE. Des Estats de France et de leur puissance, trad. de l'italien du sieur Matthieu Zampini. *Paris*, 1588, in-8, v. fau., fil., tr. dor.

958. FEUQUIÈRES (le marquis de). Mémoires, contenant ses maximes sur la guerre. *Londres et Paris*, 1737, 4 vol. in-12, v. m. *Plans et cartes.*

959. FORBIN (comte de). Mémoires. *Amst.*, 1730, 2 vol. in-12, veau.

960. GAGUIN (Robert). Compendium Francorum gestis. (A la fin) : *impressit.... Thilmannus Kercer in inclyto Parisior. gymnasio : impensis Johannis parri, M. D. VII.* In-8, dem. rel. *Titre gravé.*

A la fin : la marque de Jehan Petit. — Un feuillet de la table, par transposition, précède le texte.

961. GUISE. Mémoires de Henri de Lorraine, duc de Guise (publ. par Saint-Yon). *Amst.*, 1703, 2 t. en 1 vol. in-12, maroquin rou., dent., tr. dor. *Portrait.*

962. GUIZOT. Essais sur l'histoire de France. *Paris*, 1836, in-8, dem. rel., v. bleu.

963. HARDOUIN de Péréfixe, evesque de Rodez. Histoire du roy Henry le Grand. *Paris*, 1662, in-12, v. v. (Mouill.) *Portrait.*

964. HÉNAULT (le président). Nouvel abrégé chronologique de l'histoire de France, contenant les événements de notre histoire depuis Clovis jusqu'à la mort de Louis XIV. 3ᵉ édition, revue et augm. *Paris, Prault*, 1749, in-4, v. fau.

Bel exemplaire, orné de jolies grav. d'après Cochin.

965. HUE (F.). Dernières années du règne et de la vie de Louis XVI. *Paris, I. R.*, 1814, in-8, bas. *Portrait.*

966. MÉZERAY (de). Abrégé chronologique de l'histoire de France. *Amst.*, 1755, 4 vol. in-4, dem. rel. *Portraits gravés.*

967. MICHELET. Histoire de France. *Paris*, 1833, 6 vol. in-8, dem. rel. v. vert.

968. MICHELET (J.). Henri IV et Richelieu. *Paris*, 1857, in-8, broché.

969. MONGLAT (marquis de). Mémoires de Fr. de Paule de Clermont, marquis de Monglat. *Amst.*, 1727, 3 vol. in-12, veau.

970. **Moniteur**. Réimpression de l'ancien Moniteur, seule histoire authentique de la Révolution française. *Paris*, 1858-60, 58 livrais. in-4, br. *Figures*.

Convention Nationale et Constituante.

971. **Montjoye**. Histoire de la conjuration de Louis-Philippe-Joseph d'Orléans. *Paris (Londres)*, 1796, 3 vol. in-8, v. rac.

972. **Mornay**, seigneur du Plessis-Marli (Philippe de). Mémoires cont. divers discours, instr., etc., depuis l'an 1572 jusqu'à l'an 1589 (99). *Imprimé (à la Forest) l'an* 1624, 2 vol. in-4, vélin.

973. **Rey**. Histoire du drapeau, des couleurs et des insignes de la monarchie française, précédée de l'histoire des enseignes militaires chez les Grecs. *Paris*, 1837, 2 vol. in-8, br. (*Manque l'atlas.*)

974. **Richer**. Histoire de son temps, texte reproduit d'après l'édition originale donnée par G. H. Fertz avec traduction française, notice et commentaire par J. Guadet. *Paris, Renouard*, 1845, in-8, br.

975. **Rochefoucauld** (De La). Mémoires de M. D. L. R. *Cologne*, 1664, pet. in-12, v. fil.

Édition qui se joint à la collection des Elseviers.

976. **Saint-Martin** (de). Les établissements de Saint-Louis, roi de France. *Paris*, 1786, in-8, v. mar. *Portrait*.

977. **Staël** (Mme de). Considérations sur les principaux événements de la Révolution française. *Paris*, 1818, 3 vol. in-8, br.

978. **Velly**, Villaret et Garnier. Histoire de France depuis l'établissement de la monarchie. *Paris*, 1770-86, 15 vol. — Table générale des matières (par Rondonneau). *Paris, an VII*. — Hist. de France avant Clovis. *Paris*, 1789. *Planches*. — Atlas hist. de la France ancienne et moderne, par Rizzi Zannoni. *Paris*, 1765, *cartes coloriées*, ens. 18 vol. v. mar.

Histoire des villes et provinces de France.

980. **Alsace**. Alsatia illustr., celtica romana francica. Auctor Schœpflinus. *Colmariæ, ex typographia regia*, 1751, in-fol. dem. rel., n. rog. *Planches et carte*.

981. **Bernard** (Aug.). Histoire du Forez. *Mont-Brison*, 1835, 2 vol. in-8, dem. rel. v. fau.

982. **Chalmel** (J. L.). Histoire de Touraine depuis la conquête des Gaules par les Romains jusqu'à l'année 1790; suivie d'un dict. biogr. *Paris et Tours*, 1828, 4 vol. in-8, dem. rel. v. fau.

983. **Des Murs** (O.). Histoire des Comtes du Perche de la famille du Rotrou. *Nogent-le-Rotrou*, 1856, in-8, br. *Avec armes des Rotrou et 2 jolies lith. à deux teintes.*

984. **Devienne** (dom). Histoire de la ville de Bordeaux. *Bordeaux*, 1771, in-4, v. mar. *Frontispice gravé.*

Première partie, seule publiée de cette édition.

985. **Dulaure** (J. A.). Histoire physique civile et morale de Paris. *Paris, Furne*, 1837-38, 8 vol. in-8, dem. rel., v. rose, tête dor., n. rog. *Nombreuses et belles planches.*

986. **Du Plessis** (Toussaints). Hist. de l'église de Meaux, avec des notes ou dissert.; et les pièces justif. *Paris*, 1731, 2 vol. in-4, v. mar.

987. **Faulconnier** (P.). Description hist. de Dunkerque, cont. son origine et progrès, la conversion de ses habitants au christianisme, etc. *A Bruges en Flandres*, 1730, 2 part., en 1 vol. in-fol. v. mar. *Titre gravé, plans et vues.*

988. **Gilbert** (A. P. M.). Description hist. de l'Église de Rouen. *Rouen, J. Frère*, 1822, in-8, d. rel. v. ant. *Orné de gravures d'ap. Langlois.*

989. **Lalauzière** (de Noble). Abrégé chronol. de l'hist. d'Arles. *Arles*, 1808, in-4, d. rel. n. rog. *Enrichi de planches d'inscript. et d'antiquités monumentales.*

990. **Michel** (Fr.). Chroniques Anglo-Normandes. Recueil d'extraits et d'écrits relatifs à l'hist. de Normandie et d'Angleterre (xie et xiie siècle); publ. par Francisque Michel. *Rouen, Ed. Frère*, 1836, 3 vol. in-8, d. rel. v. viol.

991. **Moët de la Forte-Maison**. Antiquités de Noyon, ou Etude histor. et géogr. archéologique et philologique des documents que fournit cette ville à l'histoire des cités gallo-romaines et féodales de la France. *Rennes*, 1845, in-8, br. *Planches.*

992. **Oursel** (J.). Les Beautés de la Normandie, ou l'origine de la ville de Rouen. *A Rouen, chez la veuve de Jean Oursel*, 1700, in-12, bas. rac.

993. **Paris** (L.). La chronique de Rains; publ. sur le manusc. unique de la biblioth. du Roi, par L. Paris. *Paris, Techener*, 1837, in-8, dem. rel. (*Papier vergé.*)

994. PESCHE (J. R.). Dictionnaire topogr. hist. et statistique de la Sarthe, suivi d'une biographie et d'une bibliographie. *Le Mans et Paris*, 1829–36, 4 forts vol. gr. in-8, br.

Ouvrage très-estimé, devenu rare.

995. PITON-DESPREZ (l'abbé M.). Étrennes Coutançaises, recueil Normanno-Britan., annuel, religieux, histor., statist. et litt. *Coutances*, 1836, in-12, d. rel.

996. RECHERCHES p. s. à l'histoire de Lyon, ou les Lyonnois dignes de mémoire (par l'abbé Pernetti). *Lyon, F. Duplain*, 1757, 2 vol. in-12, bas. m. *Frontispice gravé.*

997. REVUE DE ROUEN et de la Normandie, publiée par Nicétas Périaux, sous la direction de MM. Chéruel, Girardin, Pothier, Richard, Rouland, Mlle Bosquet, etc., années 1833-52. — *Rouen, impr. de N. Périaux et de A. Péron*, 20 vol. gr. in-8, br. et en livr. *avec gravures, fac-simile et musique.*

(Manq. 1er semestre).

998. ROUEN. Histoire de la ville de Rouen (par F. Farin). Nouv. édit. augm. (par Jean le Lorrain). *Rouen, J. Amiot*, 1710, 3 vol. in-12, v. gr.

999. SAUGRAIN (Cl.). Les curiosités de Paris, de Versailles, de Marly, de Vincennes, de Saint-Cloud et des environs; par L. R. (Cl. Saugrain). *Paris*, 1742, 2 vol. — Nouveau voyage de France géogr., hist. et curieux. *Paris*, 1738. Ensemble 3 vol. in-12, v. gr. *Nombreuses planches.*

1000. TERNAUX-COMPANS. Notice historique et statistique sur la Guyane française. *Paris, Didot*, 1843-44, 3 part. en 1 vol. in-8, cart. avec carte.

Ouvrage estimé et peu commun. On y a joint : Description de la Guyane, par Leblond. *Paris*, 1814, in-8, cart.

1001. VILLAIN (l'abbé). Histoire critique de Nicolas Flamel et de Pernelle sa femme. *Paris*, 1761, in-12, v. mar. *Portrait et plan de sa maison.*

Histoire étrangère.

1002. AMELOT DE LA HOUSSAYE. Histoire du gouvernement de Venise. *Lyon*, 1740, 3 vol. in-12, veau fau. tr. dor. *Cartes et figures.*

1003. BOTTA (C.). Storia d'Italia. 1534-1814. *Lugano*, 1834, 3 vol. in-8, cart. n. rog. *Portrait et fig.*

1004. Botta et P. Lanza. Considerazioni sulla storia di Sicilia, de 1532 à 1789. *Palermo*, 1836, in-8, cart.

1005. Cambden (W.). Anglica, normannica, hibernica, cambrica a veteribus, scripta, ex quibus Asser menevensis, Anonymus de Vita Gulielmi conquestoris, etc., plerique nunc primum in lucem editi ex biblioth. G. Camdeni. *Francofurti*, 1603, in-fol. v. *Portraits*.

Volume rare et recherché.

1006. Cousin (L.). Histoire de Constantinople, depuis le règne de l'ancien Justin, jusqu'à la fin de l'empire. Trad. sur les originaux grecs. *Suivant la copie imprimée à Paris. (Hollande à la Sphère)*, 1685, 8 t. en 10 vol. in-12 vél. *Titre gravé*.

Edition recherchée.

1007. Discussions importantes débattues au parlement d'Angleterre par les plus célèbres orateurs, depuis trente ans. trad. de l'anglais. *Paris*, 1790, 3 vol. in-8, v. m.

1008. D'Orléans (Jos.-Pierre). Histoire des révolutions d'Espagne (revue et publiée par les PP. Rouillé et Brumoy). *Paris*, 1734, 3 vol. in-4, v.

1009. Gênes (description des beautés de) et de ses environs. *Gênes*, 1788, in-12, rel. *Figures et cartes*.

1010. Hondius (J.). Nova et accurata Italiæ hodiernæ. *Lugd. Batav.* Bonav. et Abr. Elsevir. 1627, in-4, obl. veau. *Nombr. vues, plans de villes et cartes gravés*.

Ce vol. imprimé par les Elsevier, est peu commun.

1011. Humboldt (Alex. de). Essai politique sur le royaume de la Nouvelle Espagne. *Paris*, 1811, 5 vol. in-8, dem. rel. non rog. *Cartes*.

1012. Jauffret (E.). Catherine II et son règne. *Paris*, 1860, 2 vol. in-8, br.

1013. Jorio (And. de). Indicazione del più rimarcabile in Napoli e contorni. *Napoli*, 1835, in-8, br. *fig*.

1014. Michelet. Histoire de la République romaine. *Paris*, 1831, 2 vol. in-8, dem. rel. veau vert.

1015. Nordberg (J. A.). Histoire de Charles XII, roi de Suède, trad. du suédois (par Ch. G. Warmholtz). *La Haye*, 1742-48, 2 vol. in-4, dem. rel.

1016. Scheffer. Histoire de la Laponie, sa description, l'origine, les mœurs, la manière de vivre de ses habitants, leur religion, leur magie, etc., etc., trad. par le P. Lubin. *Paris,* 1678, in-4, veau br. *Carte et figures.*

1017. Solis (A. de). Historia de la conquista de Mexico, poblacion, y progressos de la America sept. *En Madrid,* 1763, in-4, bas.

1018. Torre (Carlo). Il Ritrato di Milano. *Milano,* 1674, in-4, dem. rel. parch. *Planches.*

1019. Varillas (de). Les anecdotes de Florence, ou l'hist. secrète de la maison de Médicis. *La Haye,* 1687, in-12. dem. rel. v. ant.

PARALIPOMÈNES HISTORIQUES

ARCHÉOLOGIE

Antiquités. — Mœurs et usages des anciens.

1020. Adam (A.). Antiquités romaines, ou tableau des mœurs, usage et institutions des Romains. *Paris,* 1826, 2 vol. in-12, dem. rel.

1021. Antiquités. 4 broch. in-4, par Th. Panofka et E. Gerhard (en allemand). Planches noires et col.

1022. Bandinio (Angelo Maria). De obelisco Cæsaris Augusti. *Romæ,* 1750, in-fol. parch. *Planches.*

1023. Barthélemy (l'abbé). Dissert. s. une ancienne inscription grecque, relative aux finances des Athéniens, cont. l'état des sommes que fournit pendant une année le trésorier d'une caisse particuière. *Paris, Imp. Roy,* 1792, in-4. cart. *Planches.*

1024. Bazin (Ch.). Carrelages anciens. *Paris, Didron,* 1850, br. in-4. *Planches. (Extr. des Ann. Archéol.)*

1025. Batissier (L.). Eléments d'Archéologie nationale, précédés d'une histoire de l'art monumental chez les anciens. *Paris,* 1843, in-12, br. *Figures dans le texte.*

1026. Bellorius (P.). Fragmenta vestigii veteris Romæ. *Rome,* 1673, in-fol. veau br. *Titre gr., planches et portrait.*

A la suite, se trouve un beau plan de la ville Adriane, publ. par Fr. Contini en 1668.

1027. Bellorius (J. B.). Columna Cochlis M. A. Antonino Augusto dicata ejus rebus gestis in Germanica atque Sarmatica expeditione ex. S. C. Romæ ad viam Flaminiam erecta. *Romæ*, 1704, in-fol. obl. cart.

Vol. iconographique comprenant 77 pl. gravées sur cuivre.

1028. BIANCHI (P.). Osservazioni sull' Arena, e sul podio dell' Anfiteatro flavio. *Roma*, 1812, in-fol. cart. *Planches.*

1029. BOURASSÉ (l'abbé). Archéologie chrétienne, ou précis de l'histoire des monuments religieux du moyen âge. *Tours*, 1844, in-8, dem. rel. tr. dor. *Figures dans le texte.*

1030. CATTANEO (G.). Equejade monumento antico di bronzo del museo nazionale ungherese. *Milano, I. R.*, 1849, in-4, n. rog. *Figures. (Envoi d'auteur.)*

1031. CAVALLERIUS (J.-B.). Antiquarum statuarum urbis Romæ. *Romæ*, 1585, in-4, parch. *Figures.* (Mouillures.)

Ce volume contient en outre les ruines de Rome, 50 *planches.* (En tout 100 pl.)

1032. CLUVERIUS (Ph.). Sicilia antiqua, cum minor. insulis, ei adjacentibus. Item Sardinia et Corsica. *Lugd. Batav., ex off. Elzeviriana*, 1619, in-fol. vél. *Titre gravé et cartes.*

1033. CLUVERIUS (Ph.), Italia antiqua. *Lugd.-Batav.*, 1624, 2 vol. — Sicilia antiqua, Sardinia et Corsica. *Lugd.-Batav.*, 1619.—Germania antiqua, *Lugd. Batav., Elzevir*, 1631. Ens. 4 vol. in-fol. Bonne rel. angl., v. fauve. *Plans et figures.*

1034. COCHET (l'abbé). La Normandie souterraine, ou Notices sur des cimetières romains et des cimetières francs. *Paris*, 1855, gr. in-8, d.-rel., m. br.

Ouvrage d'un grand intérêt historique, enrichi de nombreuses planches.

1035. COCHIN ET BELLIGARD. Observations sur les antiquités d'Herculanum. *Paris*, 1757, pet. in-8, parch. *Figures.*

1036. DUBOIS (P.). Collection archéologique du prince Soltykoff. (Horlogerie.) Précéd. d'un Abrégé historique de l'horlogerie au moyen-âge. *Paris*, 1858, in-4, d.-rel, veau ant. *Planches.*

1037. DUBOIS. Description des antiquités égyptiennes, grecques et romaines. Monuments cophtes et arabes, comp. la collection de feu M. Mimant. *Paris*, 1837, in-8, br. *Portrait.*

1038. FÉLIX NICOLAS. Memorie sui monumenti di Antichita e di belle arti ch' esistono in Miseno, in Basli, in Baja, in Cuma, in Pozzuoli, in Napoli, in Capua antica, in Ercolano, in Pompei, ed in Pesto. *Napoli*, 1852, in-4, d.-rel. 8 *planches et 1 carte.*

1039. Fougeroux de Bondaroy. Recherches sur les ruines d'Herculanum. *Paris*, 1770, in-12, rel. *Planches.*

Avec un traité sur la fabrique des mosaïques.

1040. Furgault. Nouveau recueil historique d'antiquités grecques et romaines. *Paris*, 1768, pet. in-8, v. mar.

1041. Furietti (J.-A.). A secretis de musivis ad SS. Patrem Benedictum XIV, pont. max. *Romæ*, 1752, in-4, vél.

Ouvrage curieux sur les anciennes mosaïques.

1042. Joannon de Saint-Laurent. Description et explication d'un camée de Lapis-Lazuli, fait en dernier lieu par L. Siries, ou lettres de deux amis sur diverses productions de l'art. On a joint à la fin du livre la description d'un camée en onyx, travaillé fort singulièrement. *Florence*, 1747, in-4, veau jas. *Planches. (Bel exempl.)*

1043. Jorio (Andrea de). Guida per le catacombe di S. Gennaro de Poveri. *Napoli*, 1839, in-8, sur gr. pap., br. *Figures.*

1044. Josephi (Fl.). Omnia quæ exstant opera (antiquitates Judaicæ). *Lugd.*, 1546, 2 t. en 1 vol. in-8, v. m.

1045. La Quérière (de). Essai sur les girouettes, épis, crêtes, etc., *Rouen*. 1846, in-8, d.-rel., veau ant. 8 *planches gravées.*

1046. Legrand. Galeries des antiques. *Paris, Renouard*, 1803, in-8, d.-rel. 92 *planches gravées.*

1047. Lenormant (Ch.). Musée des antiquités égyptiennes, ou Recueil de monuments égyptiens, architecture, statuaire, glyptique et peinture, accomp. d'un texte explicatif. *Paris*, 1841, in-fol., d.-rel. *Nombreuses planches gravées et figures dans le texte.*

1048. Letronne. Explication d'une inscription grecque trouvée dans l'intérieur d'une statue antique de bronze, avec des observations sur quelques points de l'histoire de l'art chez les anciens. *Paris, Imp. Roy.*, 1843, in-4, br. *Fig. dans le texte.*

1049. Longpérier (A.). Notice des monuments exposés dans la salle des antiquités américaines (Mexique et Pérou) au Musée du Louvre. *Paris*, 1850, in-8, br. *(Grand papier de Hollande.)*

1050. Longpérier (A. de). Notices sur les antiquités assyriennes, babyloniennes, perses, hébraïques, exposées dans les galeries du Louvre. *Paris*, 1854, gr. in-8, br., *papier vergé. (Envoi d'auteur.)*

1051. **Millet** (Dom Germain), de la congrégation de S. M. Le Trésor sacré, ou Inventaire des sainctes reliques et autres précieux joyaux qui se voyent. *Paris, Billaine,* 1640, in-12, parch. *Titre gravé.*

1052. **Monfalcon** (J.-B.). Monographie de la table de Claude, accompagnée du fac-simile de l'inscription gravée dans les dimensions exactes du bronze, publ. par ordre de M. E. Reveil. *Lyon, L. Perrin,* 1851, in-fol. max., d.-rel.

Exempl. de cadeau, offert au général de Castellane par la ville de Lyon, avec lettre d'envoi signée : Réveil.

1053. **Monuments historiques.** Archives de la Commission des monuments historiques, publ. par ordre de S. E. M. A. Fould, ministre d'Etat. *Paris, Gide,* 1855 et années suivantes; 63 livraisons in-fol. br.

1054. **Museo Borbonico.** 3 vol. in-8, br. *Naples,* 1825. *Avec figures.*

Papyrus, vases et peintures antiques.

1055. **Museum Schoepflini.** Lapides marmora vasa. *Argentorati,* 1773, in-4 cart.; *17 planches d'antiquités, vases, bronzes, inscriptions, etc.* (Tomus prior.)

1056. **Onuphrio** pavinio veterum Romanor. ornatissimi amplissimi triumphi ex antiquissimis librorum, lapidum et numorum monumentis desumpti. *Antrerpiœ,* 1596, pet. infol., parch. *Planches.*

1057. **Palladio** (A.). Le terme dei Romani disegnate de Andrea Palladio e Ripublicate con la guinta di alcune osserv. da O. B. Scamozzi. *Vicenza,* 1797, in-4, d.-rel. *Planches.*

1058. **Panckoucke** (C.-L.-F.). Collection d'antiquités égyptiennes, grecques et romaines, d'objets d'art du xvᵉ siècle. *Paris,* 1841, in-8, br. *Figures dans le texte.*

1059. **Passerius** (J.-B.). Lucernæ fictiles musei Passerii. *Pisauri,* 1739-51, 3 vol. in-fol., veau br. *Nombreuses planches représentant des Lampes antiques.*

Le t. III est rare et manque à beaucoup d'exemplaires.

1060. **Pignovia** (Lorenzo). Imagini de gli delli Antichi di Vicenzo Cartavi Reggiano. *Padova,* 1626, in-4, v. br. *Orné d'un grand nombre de planches gravées en bois.*

1061. **Pompéi** décrite par Ch. Bonucci, architecte, ou Précis historique des excavations depuis 1748, jusqu'à nos jours. *Naples,* 1828, in-8, br. *Planches.*

1062. **Poyard** (Gior.). Carmelitano. Dissertazione sobra l'anteriorita del bacio de Piedi de sommi Pontifici all' introdu-

zione della croce sulle loro scarpe o sandali e sopra le diverse
forme colori et ornati di questa parte del vestiario pontifi-
cio negli antichi monumenti sacri. *Roma*, 1807, in-4, *Fig.*

Cet exemplaire est enrichi d'un grand nombre de notes et observ. critiques (*en français*) sur ses marges; on y a joint : Lettera de Cesare Bran-
cadoro su la dissert. del P.Pouyard. *Roma*, 1807, in-4, *fig.*

1063. Robinson. Antiquités grecques, ou tableau des mœurs,
usages et institutions des Grecs. *Paris, Didot*, 1837, 2 vol.
in-8, d. rel.

1064. Rougé (E. de). Notice des monuments exposés dans la
galerie d'antiquités égyptiennes, au Musée du Louvre. *Paris*, 1849, in-8, br. (*Ex. s. gr. pap. fort de Holl.*)

1065. Statues antiques. Elegantiores statuæ antiquæ, in variis Romanorum palatiis asservatæ. *Romæ*, 1786, in-4, veau
mar. 42 *planches gravées.*

1066. Thilorier. Examen critique des principaux groupes
hiéroglyphiques. *Paris*, 1832, in-4, br.

1067. Venise. Notizia delle opere d'arte e d'antichita della raccolta correr di Venezia. *Venezia*, 1859, in-8, br.

1068. Venuti Cortonese (R.). Accurata e succinta descrizione
topografica delle antichita di Roma. *Roma*, 1763, 2 part. en
1 vol. in-4, d. rel. veau, *nombr. planches gravées.*

1069. Vermiglioni. Il sepolcro dei Volunni. *Perugia*, 1834,
gr. in-4, br. 9 *planches gravées.*

1070. Witte (J. de). Description des médailles et des antiquités du cabinet de M. l'abbé H. G. *Paris*, 1856, gr. in-8, br.
Planches.

1071. Witte (de). Description d'une collection de vases peints
et bronzes antiques, provenant des fouilles de l'Etrurie.
Paris, 1837, in-8, br. *Planches.*

1072. Bernino (D.). Il tribunale della S. Rota romana. *Roma,*
1717, in-fol. vél. *Figures coloriées à la main.*

1073. Colonna trajana eretta dal senato e popolo romano all'
imperatore triano Augusto nel suo foro in Roma, scolpita
con l'historie della guerra Dacica la prima e la secunda es-
peditione. e vittoria contro il re Decebalo. Nuovamente di-
segnata et intagliata da Pietro santi Bartoli. *Roma, Rossi,*
s. d., in-fol. oblong, de 120 *planches.*

1074. Crescimbeni (G. M.). Storia dell'Accademia degli Arcadi istituita in Roma l'anno 1690. *Londra*, 1804, petit in-8, mar., citron fil., tr. dor. *Avec de nombreuses figures symboliques, gravées en bois.*

1075. CRINITUS (P.). De honesta disciplina lib. XXV; de poetis latinis lib. V ; et poematum lib. II. Cum indicibus suis. Cuqz. tabellis alphabeticis rerum... nuper ab Ascensio collectis et appositis. *Venundantur in vico S. Jacobi ab Johanne parvo... (Parisiis)* M. D. X. — SABELLICUS (M. A.). Exemplorum libros. (A la fin) : *Nicolaus de pratis diligent. impressit pro Ponceto le Preux... Paris, anno* M. D. IX. (manque le titre). En 1 vol. in-fol. d. rel.

> Deux ouvrages peu communs, imprimés en lettres rondes; le premier est composé de VIII et 139 ff., et le second, de 61 ff.

1076. DU CHOUL (G.). Veterum Romanorum religio, castrametatio, disciplina militaris. *Amst.*, 1685, in-4, vél. *Titre gravé et figures de médailles.*

> Traduction lat. du livre de Du Choul, Dauphinois.

1077. GAFFAREL (M. I.). Des talismans, ou Figures faites sous certaines constellations, pour faire aymer et respecter les hommes, les enrichir, guérir leurs maladies, etc., etc. *Paris*, 1636, in-8, vél.

1078. HUET, évêque d'Avranches. Histoire du commerce et de la navigation des anciens, 2ᵉ édit. *Paris, A.-U. Coustelier*, 1716, in-12, d. rel.

1079. MANUCE (P.). Antiquitatum Romanorum Paulli Manucii liber de senatu. *Venetiis*, 1581, in-4, parch.

1080. PANVINIUS (O.). De ludis circensibus lib. II. De triumphis, lib. I. Cum notis J. Argoli et additamento N. Pinelli. *Patavii*, 1642, in-fol. vél., tr. dor. *Figures gravées à l'eau-forte.*

1081. PORPHYRIUS. De antro nympharum gr. cum lat. L. Holstenii versione et animadv. Van Goens. Ejusdem de abstinentia esu animalium (gr. et lat.). *Trajecti ad Rhenum*, 1765 et 1767, 2 ouv. en 1 vol. in-4, vél. *(aux armes)*.

1082. PÆTUS (L.). De mensuris et ponderibus romanis, et græcis, cum his quæ hodie Romæ sunt collatis libri V. *Venetiis, Aldus*, 1573, petit in-fol. vél. *Figures.*

1083. TEISSIER-ROLLAND. Des bains et thermes chez les anciens, des bains romains de Nîmes. *Nîmes*, 1850, in-8, br. *Planches.*

Chevalerie. — Noblesse. — Blason.

1084. ANTIS. The register of the most noble order of the garter, from its cover in black velvet. *London, 1724,* 2 vol. in-fol., rel. en cuir de Russie. *Titre et figures gravées.*

1085. BASNAGE. Dissertation historique sur les duels et les ordres de chevalerie, par M. B.*** (J. Basnage). *Amst.,* 1720, in-12, br. (Rare dans cette condition.)

1086. BLOND (Laurent le). Quartiers généalogiques des illustres et nobles familles d'Espagne, d'Allemagne, d'Italie, de France, de Bourgogne, de Lorraine et des XVII provinces. *Bruxelles, Ermens, s. d.,* 2 tom. rel. en 1 vol. in-8, d. rel.

1087. BURKE (B.). A genealogical and heraldic dictionary of the peerage and baronetage of the British empire, 25e édit. *London,* 1863, fort vol. gr. in-8, rel. en percal. rou. *Figures d'armoiries dans le texte.*

1088. CALENDRIER (pour 1762) des princes et de la noblesse, contenant l'état actuel des maisons souveraines, princes et seigneurs de l'Europe et de la noblesse de France (par de la Chesnayes des Bois). *Paris,* 1762, in-12, v. mar.

1089. CAMPOMANES. (D. P. R.). Dissertaciones historicas del orden y cavalleria de los Templarios.... y un apendice. *Madrid,* 1747, in-4, parch. (*Rare.*)

1090. CHATEAUVILLARD (le comte de). Essai sur le duel. *Paris,* 1836, gr. in-8, d. rel. maroq. citr.

1091. DEBRETT's baronetage of England. *London,* 1824, 2 forts vol. in-12, cart. n. rog. *Planches de blasons.*

1092. (DUMONT). Généalogies de quelques familles des Pays-Bas, dressées en partie sur titres, et en partie tirées des manuscrits de Casetta, de H. Butkens, etc., etc. *Amst.,* 1774, in-8, v. mar. *Armoiries dans le texte.*

1093. ENGLAND, scotland and ireland (the peerage of). To which are annexed the extinct and forfeited peerages of the three kingdoms. *London,* 1790, 3 vol. gr. in-8, v. rac. (La rel. du 1er vol. fatiguée.) *Planches d'armoiries.*

1094. GAUTIER DE SIBERT. Histoire des ordres royaux, hospitaliers-militaires de N.-D.- du Mont Carmel et de Saint-Lazare de Jérusalem. *Paris, Imp. Roy.* 1772, in-4, d. rel. *Frontispice et figures gravés d'Eisen.*

1095. MÉMORIAL de chronologie généalogique et historique (pour les années 1753-54). *Paris,* 1753-54, 2 vol. pet. in-18, veau.

1096. ORDRES DE CHEVALERIE et marques d'honneur, histoire, costumes et décorations, publ. par Aug. Walhen. *Bruxelles,*

1844, gr. in-8, dem. rel. maroq. *Nombreuses planches de costumes et d'ordres religieux coloriés.*

1097. PEERAGE (a biographical) of the empire of Great Britain. *London*, 1808-1817, 4 vol. in-12, v. f. *Blasons gravés sur bois.*

1098. SCHOONEBEEK (A.). Histoire de tous les ordres militaires ou de chevalerie, cont. leurs institutions, leurs cérémonies, leurs armes et leurs devises, etc., etc. *Amst.* 1699, 2 part. in-12, veau mar. *Nombr. fig. gravées.*

1099. ZELLER (le comte de). La noblesse ancienne et la noblesse d'à-présent, suivi d'un appendice sur la souveraineté. *Paris*, 1841, in-8, d. rel.

Diplomatique et Numismatique.

1100. AKERMAN. Coins of the Romans relating to Britain. *London*, 1836, in-12, cart. *Planches de médailles.*

1101. CHASSANT (L.-Alph.). Dictionnaire des abréviations latines et françaises, usitées dans les inscriptions lapidaires et métalliques, les manuscrits et les chartes du moyen âge. *Evreux*, 1846, in-12, d. rel.

1102. DOMINICIS (F. de). Repertorio numismatico per conoscere qualunque moneta greca tanto urbica che dei re e la loro respettiva stima. *Napoli*, 1826, 2 t. en 1 fort vol. in-4, dem. rel. d. et c. de cuir de Russie.

1103. HEDLINGER. Explication hist. et crit. des médailles de l'œuvre du chevalier Hedlinger. *Basle*, 1778, in-fol. dem. rel. n. rog. 40 *pl. de médailles très-finement gravées.*

1104. KOPP (Ulr. Fr.). Paleographia critica, aut tachygraphia veterum exposita et illustrata. *Manhemii, sumptibus auctoris*, 1817. 2 vol. *avec beaucoup de planches.* — De difficultate interpretandi ea quæ, aut vitiose vel subobscure aut alienis a sermone litteris, sunt scripta. *Manhemii, sumptibus auctoris*, 1829, 2 vol. *Figures*; ens. 4 vol. in-4, br. en carton.

1105. MONNAIES. 3 vol. in-8, et in-4, rel.

J. Seldeni, liber nummis in quo antiqua Pecunia Romana et Graeca. *Londini*, 1675. — Imper. Roman. numismata aurea. *Antv.*, 1627, in-4, *fig.* — Serie dei conj di Medaglie Pontificie da Martino V. — Pie VII. *Roma*, 1824, in-8, d. rel. anglaise.

1106. NEUMANN. Populorum et regum numi (*sic*) veteres inediti. Collecti ac illustrati à F. Neumanno. *Vindobonæ*, 1779, 2 vol. in-4, v. gr. *Front. gravé et planches de médailles.*

1107. Orsini (Ig.). Storia delle monete della repubblica fiorentina e de granduchi di Toscana della casa de Medici, etc. *Firenze*, 1760 et 1766, 2 ouv. en 1 vol. in-4, dem. rel. éb. *Planches de médailles.*

1108. Pinkerton (J.). An essay on medals : or, an introduction to the knowledge of ancient and modern coins and medals ; especially, those of Grece, Rome and Britain. *London*, 1789, in-8, v. fau. (*Rel. anglaise*). *Planches de médailles.*

1109. Serrure (C. P.). Notice sur le cabinet monétaire de S. A. le prince de Ligne d'Amblise et d'Epinoy. *Gand*, 1847, in-8, dem. rel. ch. *Planches de médailles.*

1110. Thulemarius (H. G.). Opuscula de Bullis. In-fol., vél. *Titre gravé.*

    Tractatio de Bulla aurea, argentea, plumbea et cerea. *Francofurti*, 1724. — Aurea bulla Karoli, IV, 1697. — Copia manuscripti aureæ bullæ Caroli IV. *Fac-simile bien exécutés.* — Auræ bullæ C. IV, versio germanica, 1697. — La même trad. d'après des doc. anc., etc.

1111. Ursinus (F.). Familiæ romanæ quæ reperiuntur in antiquis numismatibus ab urbe condita ad tempora D. Augusti ex biblioth. Fulvi Ursini. Adjunctis familis XXX ex libro Ant. Augustini. *Romæ*, 1577, in-fol. anc. rel. mar. rou., tr. dor. *Nombre de fig. de médailles, gravées à l'eau-forte.*

Biographie.

1113. Albéri (E.). Vita di Caterina de Medici, saggio storico. *Firenze*, 1838, gr. in-8, vél. *Orné de beaux portraits.*

1114. Biographie lyonnaise. Catalogue des lyonnais dignes de mémoire rédigé par Breghot du Lut et Péricaud aîné. *Lyon*, 1839, gr. in-8, br.

1115. Fléchier. Histoire de Théodose-le-Grand. *Paris, Seb. Mabre-Cramoisy*, 1679, in-4, veau br.

1116. Galerie choisie d'hommes et de femmes célèbres de tous les temps et de toutes les nations. *Amst.* 1823, 5 vol. in-12, dem. rel. v. fau. *Portraits gravés au trait.*

1117. Huet, évêque d'Avranches. Commentarius de rebus ad eum pertinentibus. *Amst. apud H. du Sauzet*, 1718, in-12, v. gr.

1118. Hugo (Victor) raconté par un témoin de sa vie (Mme Hugo). *Paris*, 1863, 2 vol. in-8, br., n. coupés.

1119. Landon (C. P.). Galerie historique des hommes les plus célèbres de tous les siècles et de toutes les nations. *Paris, chez C. P. Landon*, 1805, 8 vol. in-12, cart. *Nombreux portraits gravés au trait*

1120. Lechevalier (Jos.). La Vie de Fr. Elzear de Vire clerc capucin fondateur du couvent des capucins de la ville de Vire, et de la mère Elisabeth de Sainte-Anne, son épouse, et depuis religieuse de l'ordre de Cîteaux, au monastère de Villers-Canivet-lez-Falaise. *Caen*, 1696, in-8, dem. rel.

1121. Lesdiguières (Histoire de la vie du connestable de), par L. Videl. *Paris, Rocolet*, 1638, in-fol. parch.

Orné d'un beau portrait d'ap. Dumoustier.

1122. Mornay. Histoire de la vie de messire Philippes de Mornay, seigneur du Plessis Marly. *Leyde, chez B. et A. Elsevier*, 1647, in-4, vél.

1123 Ramsay. Histoire de la vie de Fr. de Salignac de La Motte Fénelon (par le chev. Ramsay). *La Haye*, 1723, in-12 cart., n. rog.

1124. Robert (Léopold). Sa vie, ses œuvres et sa correspondance, par Feuillet de Conches. *Paris*, 1848, in-12, br.

1125. Tasse. La vie du Tasse, prince des poëtes italiens. *Paris, Mabre-Cramoisi*, 1695, in-12, rel. en cuir de Russie, fil. *Portrait.*

Bibliographie.

1126. Archives du bibliophile, ou Bulletin de l'amateur de livres. *Paris, Claudin*, 1858-1864 (*manq. 8 numéros*).

1127. Bibles polyglottes (Discours hist. s. les princ. éditions des). *Paris*, 1713, in-12, v. m.

Ouvrage attr. au P. Lelong.

1128. Bibliotheca Meermanniana, sive catalogus librorum impressorum et codicum manuscript. viri G. et J. Meermann. *Lugd. Batav.*, 1824, 2 vol. in-8, br.

1129. Brunet (J. Ch.). Manuel du libraire et de l'amateur de livres, 3e édition. *Paris*, 1820, 4 vol. in-8, dem. rel. veau non rog.

1130. Brunet. Manuel du libraire et de l'amateur de livres; 4e édition, 1844, in-8, br. (Interfolié de papier blanc.)

Ce volume, divisé en deux parties, forme les tables raisonnées de l'ouvrage.

1131. Catalogue de la bibliothèque de l'abbaye de Saint-Victor, au XVI; s. rédigé par F. Rabelais, commenté par le bibl. Jacob, et suivi d'un essai sur les biblioth. imaginaires, par G. Brunet. *Paris*, 1862, in-8, br.

1132. CATALOGUE de la Bibliothèque de Victor de Saint-Mauris. *Paris*, 1848, in-8 br.

1133. CATALOGUE of the library of Kloss. *London*, 1835, in-8, d.-rel. *Plus. fac-simile.*
Contenant de nombreux ouvrages annotés par Ph. Melanchthon.

1134. CATALOGUE LIBRI. *Paris*, 1847, in-8, br. (3,025 numéros).

1135. CATALOGUES LIBRI, mars et août 1859, juillet 1862 et juin 1864; 4 vol. gr. in-8, d.-rel., d. et c. mar. rouge, n. rog., tête dorée. *Planches et fac-simile de manuscrits.*
Avec prix et noms manuscrits des acquéreurs.

1136. — de la bibliothèque du bibliophile Jacob. 1839 (1,945 numéros).
Livres et manuscrits sur l'histoire de France.

1137. — de la bibliothèque et des autographes de Jérôme Bignon. 1848 (3,438 numéros).

1138. — de la bibliothèque de M. E. B. (Baudeloque). *Paris*, 1850 (1,972 numéros).

1139 — de la bibliothèque de feu Van den Zande. 1854 (4,147 numéros).

1140. — de la bibliothèque Ch. G. (Giraud). *Paris*, 1855 (3,304 numéros).

1141. — des livres composant la biblioth. de feu Klaproth. *Paris*, 1839; 2 part. en 1 vol. in-8, br. (2,200 numéros.) *Table des auteurs.*

1142. — des livres, estampes et dessins de feu A. Bertin, avec une notice par S. de Sacy. *Paris*, 1854, gr. in-8, dem.-rel. veau ant. (2,270 numéros).

1143. — de la bibliothèque de M. E. Burnouf. 1854.

1144. — des livres composant la bibliothèque de feu Boissonade. *Paris*, 1859, in-8, br. (6,900 numéros).
Notice biographique, par Ph. Le Bas.

1145. — des livres et manuscrits de la bibliothèque J.-B.-Th. de Jonghe. *Bruxelles*, 1860-64; 3 vol. in-8, br. *Fac-simile.* (10,900 numéros).

1146. CATALOGUE des livres rares et précieux du cabinet de M.M. de C*** (Clinchamp). 1860.

Importante bibliothèque, vendue en totalité.

1147. — des livres imprimés et manuscrits composant la bibliothèque de Monmerqué. *Paris*, 1851 et 1861 ; 2 vol. in-8, br.

1148. — des livres et manuscrits composant la bibliothèque de F. Solar, rédigé par P. Deschamps. *Paris, Didot*, 1860, in-8, br. (*Tom. Ier, seul paru.*)

1149. — de la bibliothèque F. Solar. (Vente.) *Paris, Techener*, 1860, in-8, br. (3,450 numéros.)

1150. — des livres rares et précieux, dessins et vignettes, de feu le comte de la Bédoyère. *Paris,* 1862, in-8, br. (2800 nos).

1151. — des livres anciens et modernes composant la bibliothèque de feu E. David. *Paris,* 1862, in-8, br. (4,460 nos).

1152. CATALOGUES de ventes de livres, format in-8, br. (Environ 80 vol.), dont :

Adry, Aerts, Arago, Auguis, d'Auffay, Barbié du Bocage, Barrois, Bazin, Bérard, Bigant, Bleuet, Bozérian, Caillard, Daru, D'Hangard, Geriel, Guillaume, Haillet de Couronne, Hebelinck, baron de Heiss, Jomard, Labouderie, La Harpe, La Lande, Le Bas, Leber, Leclerc, Marcel, Martainville, Millot, Monteil, Niel, Noël, l'abbé Pluquet, Poncelet, Portalis, Pseaume, Royou, de Raguse, Salmon, Sebastiani, Stapfer, Sydenham, Taylor (*Vente à Londres*), Texier, Thouin, van der Linde.

1153. CAVE (G). Chartophylax ecclesiasticus : quo prope M. D. Scriptores ecclesiastici, tam minores, quam majores, tum catholici, tum hæretici breviter indicantur, accedunt scriptores gentiles christ. religionis oppugnate   *ondini,* 1685, in-8, v. fau. tr. dor. (*Rel. anglaise de L*   *r armes.*)

1154. FABRICIUS (J. A.). Bibliotheca latina, nunc melius delecta... dilig. J. A. Ernesti. *Lipsiæ,* 1773-74, 3 vol. in-8, d. rel. d. c. v. fau.

1155. LAIRE (F. X.). Index librorum ab inventa typographia ad annum 1500 chronologice dispositus. *Senonis,* 1791, 2 vol. — Catalogue de la bibliothèque de M***, par De Bure, l'aîné. *Paris,* 1792. Ens. 4 part. in-8, rel. en 3 vol.

Avec prix et noms manuscrits des acquéreurs. Les 2 prem. part. contiennent de bonnes et amples notes bibliogr., en latin.

1156. RENOUARD. Catalogue de la bibliothèque d'un amateur. *Paris, A.-A. Renouard,* 1819, 4 vol. in-8, br.

1157. SILVESTRE de SACY (Bibliothèque de M. le baron) avec notice sur sa vie et ses ouvrages par Daunou. *Paris, Imp. Roy.* 1842-47, 3 vol. in-8, br.

Journaux, Mélanges littéraires et historiques, Dictionnaires, etc.

1158. ALMANACHS du Figaro, collection des 7 premières années, 1856-62, in-4, br.

1159. ANNUAIRE encyclopédique, 1859-1860, publ. par les direct. de l'encyclopédie du XIXᵉ s. *Paris*, 1860, in-8, br.

1160. BAYLE. Dictionnaire historique et critique. *Rotterdam*, 1697, 4 t. en 2 vol. in-fol. veau mar.

1161. BROCHURES DIVERSES, in-8, (29 p.).

Elixir du régime féodal, 1790. — Discours de Pierre Dolivier, curé de Mauchamp, à ses paroissiens, pour leur annoncer son mariage. — Robespierre aux frères et amis. — Discours du même, etc., etc.

1162. BROCHURES DIVERSES, (19 p.), in-4.

Les erreurs de mon siècle, 3 num. *Pl. noires et col.* — Vente des vaisselles et bijoux d'or. — Droits seigneuriaux. — Constitution civile du clergé, etc.

1164. COLLECTION CURIEUSE de 38 journaux divers, la plupart *rares*, n'ayant guère vécu au delà d'un ou de deux numéros (ens. 89 n.).

L'Accusateur public, l'Amour de la patrie, l'Aigle républicaine, l'Aimable faubourien, journal de la canaille, journal des gens honnêtes; l'Arlequin démocrate, Archives du peuple, l'Œuvre de la république, Les Bêtises de la semaine, Le Bohémien de Paris, Le Bonnet rouge, Les Boulets rouges, etc., etc.

1165. CORRESPONDANT (le). 25 janvier 1858 au 25 décembre 1862 (60 *nᵒˢ*.)

1166. DICTIONNAIRE (le) des arts et des sciences, par D. C. (Th. Corneille de l'Académie françoise). *Paris, Coignard*, 1694, 2 vol. in-fol. v. gr.

1167. DICTIONNAIRE UNIVERSEL françois et latin (vulgairement appelé Dictionnaire de Trévoux). *Trévoux et Paris, F. Delaulne*, 1721, 5 vol. in-fol. v. mar.

1168. DIDEROT et d'ALEMBERT. Encyclopédie, ou dictionnaire raisonné des sciences, des arts et des métiers. *Genève*, 1777, 39 vol. in-4, cart. non rog. (dont 3 vol. de *planches*).

Exempl. en très-bon état.

1169. ESPRIT DES JOURNAUX (l'). *Liége*, 1777-1788, 124 vol. in-12, rel. et br., plus 2 vol. de tables.

Manque : 1777 le tom. X. — 1778, tom. VI et X. — 1779 manque entièrement — 1781, tom XI. — 1787, tom. VI. — 1788, tom. IX, X et XL.

1170. FRANCE LITTÉRAIRE (la). Sciences, — Beaux-Arts, — Archéologie, — Littérature, — Biographie. *Paris*, 1841--1843, 13 vol. gr. in-8, d. rel. mar. viol. *Ornés de nombreuses planches gravées et lithographiées*, plus un *album de planches*, gr. in-8, même reliure.

1171. JOURNAL DES SAVANTS, publ. par Hédouville, 189 vol. petit in-12, rel. et br.

> Années 1665-1714, 79 vol. rel. en veau marb. — Ann. 1756 (manque janv.-août) — 1757 (manq. août-oct.) — 1758 (manque 15 nov. et déc.) — 1759 (manq. nov. déc.) — 1760, 61, 62, 63 (manq. 1764) — 1765 (manq. 15 mai)
> Collection renfermant de nombreux et utiles renseignements pour les travailleurs.

1172. JOURNAL POUR RIRE, dirigé par Ch. Philipon, 21 octobre 1848, 25 août 1849, 39 numéros rel. en 1 vol. in-fol., max. d. rel. — Album du Journal pour rire, 1848, avec légendes en 1 vol. in-4, obl. d. rel.

1173. KARR (Alphonse). Les guêpes, 1839-40. Les 13 premiers n^{os} en livr.

> Édit. originale, très-rare.

1174. L'ILLUSTRATION. Journal universel. *Paris, Dubochet*, mars 1843, tom. Ier — fév. 1846, tom, VI, 6 vol. in-fol. d. rel.

1175. MÉLANGES, en divers vol. et br. in-8.

> Episodes vendéens. *Paris*, 1837. — La garde royale, pendant les événements du 26 juillet au 5 août 1830. — Relation... des faits... de la mort de Lallemant, 1822. — Jugement de L.-P. Louvel, et complainte. — Aide-toi, le ciel t'aidera. — De la Restitution des biens des émigrés, 1814. — Lettre à Louis XVIII, sur la vente des biens nationaux, 1814.

1176. MÉLANGES en 1 vol. in-8, dérelié.

> Vie de Louis XVI. *Portrait*. — Vie privée et ministérielle de Necker, suppl. — La Cour plénière, héroï-tragi-comédie, etc.

1177. MÉLANGES en 1 vol. in-8, d.-rel.

> Le bonheur primitif, 1789. — La mort de tous les criminels, 1790. — L'Ecueil des mœurs, 1782. — Le Tableau de famille. — Observations sur la lettre de M. de Calonne au Roi, 1785. — Cahier de la noblesse du bailliage d'Orléans. — Cahier des doléances de l'ordre ecclésiastique du bailliage de Chartres, etc., etc.

1178. MONITEUR UNIVERSEL. Années : 1790, 2e semestre (manquent 46 numéros) ; 1791, 1er semestre, du 8 avril au 1er juillet (manq. 2 numéros), 2e sem. (manq. 40 numéros) ; 1792, 1er sem., de février à juillet (manq. 44 numéros), 2e sem. (manq. 75 numéros) ; 1793, 1er sem., du 1er février au 1er juillet (manq. 3 numéros), 2e sem. (manq. 9 numéros) ; 1794, 1er sem., du 1er janvier au 1er juin (manq. 11 numéros).

1179. RECUEIL de divers ouvrages en 1 vol. in-12, v.

Satires du prince Cantemyr, trad. du russe en françois, par l'abbé de Guascc. *Londres.* 1750. — Nouveau mémoire pour servir à l'histoire des Cacouacs, par Moreau. *Amst.*, 1757. — Catéchisme et décision des cas de conscience des Cacouacs, par l'abbé de Saint-Cyr. *Cacopolis (Paris)*, 1768. Requeste des sous-fermiers du domaine du Roy, pour demander que les *billets de confession* soient assujettis au contrôle, par l'avocat Marchand. *S. l. n. d.*

1180. RÉUNION de 26 brochures diverses.

Appel à la nation, par de La Rochejacquelein. — Soixante ans de folies révolutionnaires. — Père Laguêtre. — Mystères de l'hôtel-de-ville, révélations de Drevet, père. — Récit complet des événements de décembre 1851, par Granier de Cassagnac. — La vérité sur Louis-Philippe, ses crimes, etc. — Cri de misère, etc.

1181. RÉUNION de 50 pièces piquantes (canards, pamphlets, satires), etc., criés et vendus dans les rues en 1848.

A bas les communistes! — Appel de l'Italie. — Au droit, au travail. — A la Révolution. — Augmentons les salaires. — Aux catholiques républicains, aux juges des insurgés. — Le banc de douleurs. — Le dernier anneau de la queue de Robespierre. — Le Diable et les élections. — Du pain à tous!, etc.

1182. REVUE DES DEUX-MONDES, 1851-1857, 7 années, reliées en 32 vol., dos de veau violet, et années 1858, 59 et 60, en livraisons. — Annuaire des Deux-Mondes, pour 1850, 51, 55. 3 vol. br.

1183. CHARIVARI (Le). Journal illustré. *Paris,* 1838 (7ᵉ année), à 1861 inclus. 47 vol. in-4, d. rel. mout. rou.

Les années 1838-39, ne sont composées que des feuilles de gravures.
COLLECTION FORT RARE qui se trouve difficilement aussi complète.

Livres en lots, non catalogués,

TABLE DES DIVISIONS

BELLES-LETTRES

HISTOIRE

PARALIPOMÈNES HISTORIQUES

Paris. — Imprimerie de Pillet fils aîné, 5, rue des Grands-Augustins.